JN412323

세상과 하나님으로부터 칭찬받는

성경적 부자 되기

미국 시카고에서 공인회계사로 활발히 활동하고 있는 저자 김동윤은 많은 교회와 기독교 단체에서 '그리스도인의 경제생활'에 대한 집회와 세미나를 꾸준히 인도하고 있는 크리스천 재정 전문가다. 서강대를 졸업하고 미국으로 건너간 그는 오하이오 영스타운 주립대학원에서 경영학 및 회계학을 전공했고, 시카고에 있는 트리니티 신학대학원에서 신약신학을 공부했다. 현재 크리스천 재정사역 연구소(Christian Financial Ministry) 대표로 활동하고 있으며, 시카고 제일연합감리교회에서 시무장로로 섬기고 있다(www.cfmkorea.com).

성경적 부자 되기(인도자용)

초판 1쇄 발행○2008년 6월 27일 **초판 4쇄 발행**○2009년 2월 6일

지은이○김동윤
펴낸이○김명호
기획책임○김건주
편집담당○박근혜
본문디자인○한주맥
펴낸곳○도서출판 국제제자훈련원
편집책임○장병주
마케팅책임○김석주
표지디자인○김인숙

등록번호○제22-1240호(1997년 12월 5일)
주소○(137-865) 서울 서초구 서초1동 1443-26
e-mail○dmipress@sarang.org **홈페이지**○www.discipleN.com
편집부○02-3489-4310
영업부○02-3489-4300 **팩스**○02-3489-4309

ISBN 978-89-5731-271-1 03230

＊책값은 뒤표지에 있습니다.

국제제자훈련원은 건강한 교회를 꿈꾸는 목회의 동반자로서 제자 삼는 사역을 중심으로
성경적 목회 모델을 제시함으로 세계 교회를 섬기는 전문 사역 기관입니다.

세상과
하나님으로부터
칭찬받는

성경적 부자 되기

김동윤 지음

국제제자훈련원

이 교재의 목적

그리스도인들은 물질 만능의 현대 사회에서 어떠한 성경적 관점을 가지고 어떻게 살아가야 할까? 이 교재는 이러한 현실적 질문에 대한 성경적 가르침을 새롭게 환기시켜 줄 것이다. 이 교재를 통해서,

1. 재물에 대한 새로운 의미와 목적을 발견하고, 하나님 앞에서 올바른 경제 활동으로 인한 신앙의 성장과 성숙을 경험하게 한다.
2. 돈에 대한 단편적인 지식이나 오해, 편견을 가진 사람들, 신앙과 주어진 현실의 부조화로 인해 갈등하는 사람들에게 건강하고 균형 잡힌 재물관을 심어 준다.
3. 참가자들이 물질을 맡기신 하나님의 뜻과 섭리를 분명히 깨닫고, 그 원리를 일상의 삶 속에서 실천하도록 인도한다.
4. 돈 문제로 갈등과 고통을 겪고 있는 성도들이 돈의 속박에서 벗어나서 참 자유함을 얻을 수 있는 길을 제시한다.
5. 성도들이 헌금과 십일조의 의미를 올바로 이해함으로써 교회의 성장과 부흥에 기여할 수 있도록 한다.

왜 성경적 재정 교육이 필요한가

우리가 살고 있는 사회는 자유 민주주의를 기본으로 하는 자본주의 사회다. 다시 말해서 우리 사회는 시장주의 경제 원리에 따라 사유 재산 인정과 각종 재화의 소유 지향, 이윤 추구를 전제로 한다. 이런 사회는 결국 돈이 최고의 가치 정점에 있다. 그래서 자칫 황금만능주의로 흐를 위험도 있다. 황금만능주의 사회는 무엇이든지 수단과 방법을 가리지 않고 돈으로 가치를 환산하여 소유하고 거래하려는 못된 사탄의 습성이 있다. 이러한 환경 속에 살면서 구원받은 자로서 올바른 신앙생활을 하는 데 가장 중요한 것 중에 하나가 돈에 대한 반듯한 성경적 가치관을 갖는 것이다. 신앙생활과 경제생활은 따로 분리할 수 없을 뿐더러 돈에 대한 반듯한 생각을 가진 사람만이 훌륭한 하나님의 일꾼이 될 수 있기 때문이다. 우리가 재물을 다루는 자세와 영적인 삶은 매우 밀접한 관계가 있다. 우리가 말씀에 근거하여 재물을 다룰 때 주님과의 관계 역시 더욱 친밀해질 것이다. 그러나 만일 충실하지 못한 모습으로 재물을 대한다면 하나님과의 관계에서도 결국 어려움에 처할 것이다.

성경은 재물에 대해 무려 2,350여 구절을 할애하고 있다. 예수님도 '하나님 나라'에 대한 말씀 다음으로 '돈' 문제를 많이 언급하셨다. 예수님의 비유 38개 가운데 가장 많이 등장한 주제가 재물에 관한 것이다. 이처럼 성경이 돈에 관한 많은 내용을 담고 있음에도 성경을 몇 번씩 통독하고 성경공부를 평생 열심히 한 성도조차도 돈과 신앙생활을 따로 분리해서 생각하는 경우가 많다. 뿐만 아니라 "교회에서 돈 얘기 하는 것은 옳지 않다"며 재물에 대해 관심이 없는 척하지만, 실은 교회 밖에서는 돈이 최고라는 생각을 하는 사람도 꽤 많다. 이런 현실이다 보니 하나님께서 성경을 통해 그토록 구체적이고 섬세하게 말씀하신 재물에 대한 적용을 자신의 사회생활에 하지 못하는 것은 어쩌면 당연한지 모른다.

오늘도 사탄은 이런 잘못된 현상을 등에 업고 재물로 하나님의 자리를 위협하고 있다. 교회에서 가르치지 못한 틈을 타서 사람들의 머릿속에 성경적 재물관이 아니라 사탄적 재물관을 심어 주는 것이다. 이제 구원받은 성도들은 하나님께서 재물에 대해 무엇이라고 말씀하고 계신지를 깨달아 신실한 청지기의 삶을 살도록 노력해야 한다. 이것이 교회가 재물에 대해 교육해야 할 당위성이다.

교회가 성도들에게 재물에 관한 교육을 하지 않을 때 발생되는 문제들을 한번 짚어 보자.

첫째, 돈을 다스리지 못하고 오히려 돈의 지배를 받게 된다.

예수님께서는 마태복음 6장 24절에서 "한 사람이 두 주인을 섬기지 못할 것이니 혹 이를 미워하고 저를 사랑하거나 혹 이를 중히 여기고 저를 경히 여김이라 너희가 하나님과 재물을 겸하여 섬기지 못하느니라"고 경고하신다. 왜 이런 말씀을 하셨을까? 이미 많은 그리스도인이 재물을 주인으로 섬기려 하기 때문이다. 오늘날 재물은 많은 사람의 주인이 될 정도로 막강한 힘을 가지고 있다.

스스로를 돈의 노예라고 생각하는 사람은 거의 없을 것이다. 또한 돈의 노예가 되고 싶어하는 사람도 없을 것이다. 그럼에도 돈의 노예가 되어 지배를 받는 사람은 상당히 많다. 어떤 결정을 내려야 할 때 돈을 그 결정 기준으로 삼는 사람이 얼마나 많은지만 생각해 보더라도 충분히 짐작할 수 있다. 돈 없는 사람은 돈이 없어서 상처받고 걱정하고 절망한다. 부자들은 돈을 더 벌거나 지키느라 걱정하고 스트레스를 받는다. 하루하루를 돈을 중심으로 살아간다. 현대인은 돈 때문에 웃고, 돈 때문에 울고, 돈 때문에 일하고, 돈 때문에 사귀고, 돈 때문에 헤어지고, 돈 때문에 죽는다고 해도 과언이 아니다. 이것이 돈의 노예가 된 것이 아니면 무엇이겠는가? 돈은 단지 삶을 영위하기 위한 수단인데 돈 자체를 좇아 다니기 때문에 생기는 현상이다. 많은 사람들이 돈의 축복을 받으려고 종교를 갖는다. 하나님을 영접한 그리스도인이라고 하는 사람 가운데도 그런 사람이 있다. 재물의 축복을 받으려는 수단 정도로 하나님을 여기는 태도야말로 하나님 대신 돈을 섬기는 사람들의 대표적 오류다.

이처럼 돈을 지배하지 못하고 오히려 지배와 속박을 받는 이유는 돈에 대한 성경적 이해가 없기 때문이다. 성경은 재물의 정체가 무엇인지, 재물을 지배하려면 어떻게 해야 하는지, 재물의 축복을 축복답게 다루려면 어떻게 해야 하는지 등을 분명히 알려 주고 있다. 이러한 성경적 교훈을 교회에서 공부하는 것이야말로 성도들을 돈의 지배와 속박으로부터 해방시켜 줄 뿐 아니라 돈을 관리하고 다스리는 사람으로 거듭나게 하는 기회가 될 것이다.

둘째, 성도들이 세속적인 재물관을 갖게 된다.

세속적인 재물관이란 물질만능주의, 한탕주의, 기복주의, 성공주의 등을 의미한다. 이러한 세속적인 재물관이 곧 사람을 재물의 노예가 되게 한다. 교회에서 올바른 재물관을 심어 주지 않으면 성도들은 당연히 세속적인 재물관에 동화될 수밖에 없는 것이다. 재물관에 대한 대안이 없기 때문이다. 그 결과 성도는 세상 사람들과 다를 바 없이 물질을 벌고 쓰고 관리한다. 물질을 좇아 살다가 사탄이 주는 돈이라는 낚싯밥을 덥석 무는 바람에 위태로운 순간들을 겪기도 한다. 열심히 노력하기보다는 한탕이면 된다는 생각에 투기나 대박거리에 관심을 둔다. 심지어는 하나님의 뜻대로 사용되어야 할 교회의 재정조차도 세속적인 재물관에 따라 계획되고 집행되는 경우도 있는 현실이다.

그런 면에서 교회에서 성경적인 재물관을 교육하지 않으면 어디에서도 올바른 재물관을 배울 수 없음을 기억해야 한다. 교회는 성도들이 세상 속에서 복음으로 승리할 수 있도록 성도를 말씀으로 가르칠 수 있는 유일한 곳이기 때문이다.

셋째, 신앙생활과 사회생활을 이원론적으로 생각하게 된다.

신앙생활은 하나님을 위한 거룩한 일이지만, 사회생활을 통해 돈을 버는 일은 하나님과 관계없는 세속적인 일이므로 상호 연관지어 생각할 수 없다는 것이 바로 신앙생활과 사회생활을 분리해서 생각하는 이원론이다. 그렇게 되면 성경에 기록된 재물에 대한 무수한 가르침을 사회생활 속에 적용할 수 없다. 성경은 사회생활도 신앙생활의 연장임을 분명히 말씀한다. 사회생활은 신앙생활의 일부다. 따라서 사회생활을 통한 경제 활동도 성경에서 원리를 배우고 실천해야 하는 것은 당연하다. 그러나 이미 대부분의 그리스도인이 이원론적 사고방식을 가지고 있기 때문에 교회에서 성경을 토대로 한 재정 교육을 하지 않으면 성도들 스스로는 편견과 오해를 벗어나기 어렵게 된다.

넷째, 하나님과의 관계에 문제가 생긴다.

성경에는 재물을 잘못 다루었기 때문에 하나님과의 관계에 심각한 문제가 생기게 된 예가 매우 많다. 많은 재물의 힘으로 하나님께 도전했던 바벨탑 사건, 많은 재산을 하나님께 바쳤음에도 오히려 그로 인해 하나님의 심판을 받았던 아나니아와 삽비라 부부의 잘못된 헌금, 약속의 땅 가나안에서의 두 번째 정복 전쟁인 아이성과의 싸움에서 참패하게 만들었던 아간의 전리품 횡령 사건, 나병을 고친 나아만 장군의 뒤를 쫓아가서 엘리사 몰래 많은 재물을 받았다가 결국 엘리사의 저주로 나병에 걸리고 말았던 게하시, 은 30에 눈이 멀어서 예수님을 팔아 넘겼다가 비참한 최후를 맞았던 가룟 유다 등, 재물로 인해 하나님과의 관계가 깨어지거나 하나님의 책망과 심판을 받은 사건을 얼마든지 성경에서 확인할 수 있다.

예수님께서는 "지극히 작은 것에 충성된 자는 큰 것에도 충성되고… 너희가 만일 불의한 재물에 충성하지 아니하면 누가 참된 것으로 너희에게 맡기겠느냐"(눅 16:10-11) 하고 말씀하신다. 즉 예수님은 우리의 재물을 다루는 자세와 영적인 삶의 수준을 동일하게 취급하신다는 사실을 보여 준다. 우리가 말씀에 근거하여 재물을 관리할 때 주님과의 관계 역시 더욱 친밀하게 성장할 수 있다. 그러나 만일 충실하지 못한 모습으로 재물을 다룬다면 하나님과의 관계에서도 결국 어려움을 겪게 된다. 그러므로 돈에 대해 올바른 가치관을 갖도록 교육하는 것은 성도가 하나님과 더 깊은 관계를 맺도록 하기 위해 교회가 반드시 해야 할 중요한 사역 중 하나다.

이상에서 살펴본 대로라면, 경제 문제야말로 교회에서 더욱 심도 있게 다루어야 할 주제다. 교회는 성경을 토대로 교육하는 곳이기 때문이다. 그 교육의 효과는 교회 밖에서도 평가되어야 한다. 아무리 교회 안에서 경건하게 신앙생활하는 것처럼 보여도 훨씬 더 많은 시간을 보내는 교회 밖에서의 경제 활동에서 경건의 능력을 상실한다면 교회 교육에 문제점이 있다고밖에 볼 수 없다. 그리스도인도 다른 사회인과 마찬가지로 대부분의 시간을 돈과 관련해서 살아간다. 그런데도 교회가 계속해서 돈에 대해 교육하지 않을 뿐더러 돈 이야기를 금기시한다면 성도들은 점점 현실의 삶에서 구별된 삶을 살 수 없게 될 것이다. 세상 속에서의 경건의 능력, 그것은 돈 문제와 깊은 연관이 있음을 명심해야 할 것이다.

인도자 지침서 활용법

1. 본 교재는 4과로 구성되어 있다. 매주 한 과씩 모두 4주에 걸쳐 공부하는 것이 바람직하다. 일주일 정도 간격을 두는 것은 공부한 내용을 복습하고 삶에 적용할 시간이 필요하기 때문이다.

2. 교재의 각 과는 강의와 토의를 포함하여 한 시간 30분 정도 공부할 수 있도록 구성되어 있다. 강의 50분, 토의 30분, 정리와 결단의 기도 10분으로 마무리하는 것이 좋다. 그러나 공부하는 환경과 참가자의 수준이 모두 다르기 때문에 인도자의 재량에 따라 시간을 조절하는 것이 가장 바람직하다. 참가자가 많을 경우 그룹으로 나누어 토의한 후 그룹별로 토의 내용을 발표하게 하는 것도 바람직하다.

3. 본 교재의 인도자 지침서를 이용해야 할 대상
   본 교재를 강의하는 사람은 그룹 토의를 이끌어 나가는 인도자, 성경적인 재정의 관점으로 돈에 대해 가르쳐야 할 모든 재정 사역자, 가정 문제를 다루는 사역자, 한걸음 더 나아가 돈에 대한 성실한 청지기로 살고자 기도하는 모든 성도가 될 것이다.

4. 교재의 구성
   각 과마다 교재는 다음과 같은 네 부분으로 나뉘어져 있다.
   들어가면서: 각 과의 주제에 대한 서문이다.
   말씀 속으로: 성경적인 재정 원리에 입각한 강의 내용이다.
   골방에서 대화방으로: 강의를 들은 후 참가자들이 서로 토의하고 의견을 나누도록 토의 질문을 수록했다.
   세상 속으로: 각 과에 연관된 내용을 중심으로 다음 강의까지 읽을거

리를 실었다.

5. 교재의 내용

1과: 물량주의가 지배하는 시대에 살면서 돈이 삶에 미치는 긍정적인 면과 부정적인 면을 분석한다. 그리고 자본주의의 원리와는 다른 성경에 계시된 하나님의 경제 원리가 무엇인지 살펴본다. 마지막으로 신실한 청지기의 특성과 바람직한 삶의 자세가 무엇인지 알아본다.

2과: 많은 크리스천이 가지는 돈에 대한 오해와 진실이 무엇인지, 우리가 어떤 동기와 목적을 가지고 돈을 벌어야 하는지, 형통의 삶을 살 수 있는 비결이 무엇인지, 마지막으로 돈을 버는 올바른 태도가 무엇인지 알아본다.

3과: 하나님이 맡겨 주신 재물을 지혜롭게 잘 사용해야 하는 것은 청지기의 중요한 직무다. 이 역할을 잘 감당하기 위해 어떻게 돈을 써야 하는지 알아본다. 그리고 구제의 영적 의미가 무엇인지, 나아가서 신실한 크리스천이 지켜야 할 경제 윤리를 살펴본다.

4과: 크리스천 역시 돈에 대한 염려와 걱정, 돈으로 인한 부부간의 갈등 등 돈 문제 때문에 어려움을 겪고 있다. 이 과에서는 어떻게 하면 우리가 이러한 물질의 속박이나 경제적 위기, 또는 실패를 딛고 일어나 참 자유함을 얻고 행복한 삶을 살 수 있는지 살펴본다.

6. 강조 사항

참가자들의 토의와 나눔은 이 공부에서 매우 중요한 과정이다. 참가자들은 이 과정을 통하여 공감대를 형성하며 위로와 동기 유발, 결단을 하게 된다. 이를 위해 인도자는 강의와 더불어 참가자들의 솔직하고 적극적인 참여와 토론을 유도하는 방식으로 교육을 진행하는 것이 바람직하다.

＊인도자에게 드리는 말씀＊

돈에 대해 바른 이해와 가치관을 정립하는 것은 온전한 신앙생활, 아니 풍성한 삶을 살기 위한 필수 과정이다. 이 교재를 통하여 참가자들의 가치관이 바뀌고 삶의 모습의 전환이 이루어진다면 이는 참으로 의미 있는 사역이 될 것이다. 여기에 쓰임받는 인도자들에게 하나님이 주시는 보람과 기쁨이 넘치기를 기대한다.

돈에 대한 생각 점검 퀴즈

많은 사람들이 시작할 때는 '매우 그렇다' 에 답을 했으나 공부를 마친 후에는 '전혀 그렇지 않다' 의 생각으로 바꾸어지기를 기대한다.

번호		매우 그렇다	그렇다	그저 그렇다	그렇지 않다	전혀 그렇지 않다
1	내가 번 돈은 다 내 것이다.					
2	돈은 단지 교환 수단에 불과하다.					
3	돈이면 안 되는 게 없다. 돈이 최고다.					
4	내 능력으로 지금까지 돈 벌고 살아왔다.					
5	한국이라는 사회 경제 구조 속에서 '깨끗한 부자' 는 불가능하다.					
6	가난하면 경건하다.					
7	돈이 많으면 행복하다.					
8	예수 믿으면 부자 된다.					
9	신앙과 돈 문제는 서로 연관성이 없는 별개의 문제다.					
10	조금만 더 수입이 있으면 모든 문제가 해결된 것이다.					
11	과정이야 어떻게 되었든 돈은 일단 많이 벌고 볼 일이다.					
12	대박 인생을 살고 싶다.					
13	크리스천이 부동산이나 주식에 투자하는 것은 바람직하지 못하다.					
14	크리스천이 돈을 많이 벌려고 하는 것은 신앙적이 아니다.					
15	정직하면 손해 본다. 적당히 사는 게 좋다.					
16	십일조를 반드시 해야 할 필요는 없다.					
17	십일조를 하면 되지 구태여 구제까지 꼭 할 필요는 없다.					
18	돈은 정해진 계획을 세울 필요가 없이 형편에 따라 그때그때 쓰면 되는 것이다.					
19	내가 번 돈 내가 쓰는데, 어디에 쓰건 문제 될 게 없다.					
20	자본주의 하에서 빚을 지는 것은 피할 수 없는 일이다.					

'매우 그렇다'를 1점으로 하고 '전혀 그렇지 않다'를 5점으로 할 때,

40점 이하 : 이 재정 교실에 정말 잘 오셨습니다.

40점 - 60점 : 잘 오셨습니다.

60점 - 80점 : 건강한 재물관을 가지셨습니다.

80점 - 100점 : 축하합니다. 아주 건강한 성경적 재물관을 가지셨습니다.

각 주장에 답이 될 수 있는 성경구절이다.

1	내가 번 돈은 다 내 것이다.	롬 11:36
2	돈은 단지 교환 수단에 불과하다.	마 6:24
3	돈이면 안 되는 게 없다. 돈이 최고다.	딤전 6:17
4	내 능력으로 지금까지 돈 벌고 살아왔다.	신 8:18
5	한국이라는 사회 경제 구조 속에서 '깨끗한 부자'는 불가능하다.	잠 11:3
6	가난하면 경건하다.	잠 30:8-9
7	돈이 많으면 행복하다.	전 5:10
8	예수 믿으면 부자 된다.	삼상 2:7
9	신앙과 돈 문제는 서로 연관성이 없는 별개의 문제다.	눅 16:10-12
10	조금만 더 수입이 있으면 모든 문제가 해결된 것이다.	마 6:33
11	과정이야 어떻게 되었든 돈은 일단 많이 벌고 볼 일이다.	딤전 6:9-10
12	대박 인생을 살고 싶다.	잠 28:20
13	크리스천이 부동산이나 주식에 투자하는 것은 바람직하지 못하다.	눅 19:12-27
14	크리스천이 돈을 많이 벌려고 하는 것은 신앙적이 아니다.	신 28:2-6
15	정직하면 손해 본다. 적당히 사는 게 좋다.	사 33:15-16
16	십일조를 반드시 해야 할 필요는 없다.	눅 11:42
17	십일조를 하면 되지 구태여 구제까지 꼭 할 필요는 없다.	요일 3:17-18
18	돈은 정해진 계획을 세울 필요가 없이 형편에 따라 그때그때 쓰면 되는 것이다.	잠 20:25
19	내가 번 돈 내가 쓰는데, 어디에 쓰건 문제 될 게 없다.	마 6:20
20	자본주의 하에서 빚을 지는 것은 피할 수 없는 일이다.	롬 13:8

차례

01과

신실한 청지기 되기

01 | 돈 두 얼굴의 파워
02 | 하나님의 경제 원리
03 | 청지기의 특성
04 | 신실한 청지기의 자세
05 | 정직

》 들어가면서

세상이 고도의 물질 문명화를 이루면서, 더욱이 자본주의라는 제도 안에서 '무엇을 하든지 간에 돈이면 다 된다' 라는 생각이 인간의 마음에 팽배해 있다. 이제 돈은 단순히 가치의 교환 수단으로 그치는 것이 아니라 인간의 삶에 절대적으로 필요한 것으로 자리를 잡고 있다. 그러나 보니 사람들은 오늘도 돈을 모으는 데 온갖 노력과 정성을 기울이고 있다.

그러나 돈에 대한 소유욕이 강해질수록 본래 의도와는 상관없이 오히려 돈에 종속되어 간다는 사실을 인식하는 사람은 많지 않다. 많은 돈의 주인이 되려다가 오히려 돈의 노예가 되어 버린 사람이 얼마나 많은가. 사실 이 시대는 돈이 인간을 지배하는 세상이라 해도 과언이 아니다. 정치 · 경제계의 각종 비리, 국가적 · 개인적 부채의 증가, 신용불량자 속출, 유산이나 재산으로 인한 가족 간의 분쟁, 수많은 이해집단의 시위, 카드 빚과 유흥비 해결을 위한 각종 범죄…. 연일 언론을 장식하는 사건 사고 가운데 돈과 관련되지 않은 소식이 거의 없다. 더욱 안타까운 사실은 이러한 돈과 관련된 사건의 소용돌이 속에서 그리스도인도 맥없이 휘둘리고 있다는 점이다.

이처럼 돈이 강력한 힘과 권력이 되어 세상을 다스리는 시대에 그리스도인은 어떤 태도로 살아야 할까? 돈의 영향력이 막강한 이 세상에서 신앙과 돈 사이에 균형을 이루며 살 수 있는 해법은 무엇일까?

1과 신실한 청지기 되기

01●●● 돈, 두 얼굴의 파워

돈은 두 얼굴을 가진 야누스적 속성을 가지고 있다. 돈은 그에 대한 인간의 태도 여하에 따라 이중적인 의미를 갖게 된다. 그것은 창조적이 될 수도 있고 파괴적이 될 수도 있다. 다른 말로 표현하면 돈은 축복의 근원이 될 수도 있고 재앙의 근원이 될 수도 있다. 예를 들면 돈이 하나님과의 관계를 향상시키고 복음을 전파하며, 병원이나 학교를 짓고 가난한 자와 병든 자를 먹이고 입히며 이웃을 사랑하는 도구로 사용된다면 창조적인 자원이 되는 것이다. 반대로 인간이 돈의 노예가 되어 돈을 섬기고, 돈이 최고의 가치관이 되어 돈 때문에 인격이 파괴되고, 생각과 행동이 지배받는다거나, 돈을 불법적이고 폭력적인 활동이나 각종 범죄에 쓴다면 파괴적인 자원이 되는 것이다.

이처럼 돈은 절대적으로 악한 것만도, 또한 절대적으로 선한 것만도 아니다. 그럼에도 사람들은 돈이 갖고 있는 양면성 중에 한 측면만을 강조하여 돈에 관한 잘못된 편견에 빠지곤 한다. 이는 매우 위험한 견해로서 자칫 과도한 금욕주의나 물신주의를 낳을 우려가 높다. 따라서 돈에 관한 잘못된 편견에서 벗어나 균형 잡힌 시각을 견지할 필요가 있다. 이때에 비로소 우리는 돈의 횡포로부터 자유로워지는 계기를 마련할 것이다. 그리고 돈을 섬기는 것이 아니라 돈을 자신의 지배 아래 둠으로써 돈이 갖는 유익을 극대화할 수 있다.

이제 돈의 두 가지 속성을 살펴보자.

긍정적인 면

1. 인류의 경제생활에 절대적으로 필요한 도구다.

● 창 1:28

하나님이 그들에게 복을 주시며 하나님이 그들에게 이르시되 생육하고 번성하여 땅에 충만하라 땅을 정복하라 바다의 물고기와 하늘의 새와 땅에 움직이는 모든 생물을 다스리라 하시니라.

하나님은 인간이 땅에 충만하고 이 세상을 다스리기를 명령하셨다. 그래서 인간은 자신과 공동체를 위해 돈을 벌고 부를 창출하는 경제 활동을 활발히 해서 모든 사람이 더불어 누릴 수 있는 아름답고 풍성한 세상을 만들어 가야 한다. 돈이 언제부터 인간 세상에 나타나게 되었는지 정확히 밝히기는 어렵다. 그러나 확실한 것은 인간의 경제생활 관습이 돈을 만들고 발전시켜 왔다는 것이다. 즉 돈의 상용은 인간의 경제생활의 시작과 거의 궤를 같이한다고 해도 지나침이 없다.
인간의 경제 활동은 물품과 물품을 직접 교환하는 직접 교환 형태에서 특정 물품 등을 매개로 교환이 이루어지는 간접 교환 형태로 발전해 왔다. 그래서 옷감, 짐승의 가죽, 소금, 조개껍데기 같은 것이 간접 교환의 매개체로 사용되다가 나중에는 금이나 은 등의 금속으로 바뀌게 되었다. 그러다가 경제가 발달하고 상품 거래가 활발해진 오늘날에는 국가나 은행의 신용을 바탕으로 한 지폐, 수표, 신용카드 등이 널리 쓰이고 있다. 최근에는 국제적 경제 활동이 더욱 활발해짐에 따라 전자 화폐도 사용되고 있다. 돈은 인류가 만들어 낸 가장 위대한 발명품 중에 하나다.

돈은 다음과 같은 네 가지 경제적 기능이 있다.

a) 교환의 기능: 물물 교환의 불편함과 비효율성을 해소할 수 있는 교환의 수단이다.
b) 가치 척도의 기능: 물건이 지닌 가치를 객관적으로 측정해 준다.
c) 가치 저장의 기능: 경제가 발달하고 복잡해짐에 따라 돈에는 새롭게 가치 저장 기능이 추가되었다. 자기가 필요로 하는 물건을 사거나 팔 때까지 일시적으로 돈을 보관할 필요성이 생기게 된 것이다. 예를 들어 오늘날 우리가 은행에 저금을 하는 것도 돈의 가치 저장 기능을 이용하는 것이다.
d) 재창조의 기능: 돈에는 돈을 재창조하는 힘이 있다. 돈은 끊임없이 증식될 곳을 찾아다닌다. 주식 시장의 돈이건, 사채 시장의 돈이건 은행에 예금한 돈이건, 돈은 그대로 멈추어 있지 않고 더 많은 수익성이 보장되는 곳을 찾아다닌다. 그렇기 때문에 한국은행에서 천 원권 한 장을 발행하면, 이 지폐는 한 번만 사용되고 마는 것이 아니라 여러 사람을 거쳐 여러 번 사용된다. 그리고 사용되는 횟수가 많으면 많을수록 경제는 활성화된다. 이러한 현상은 이익이 창출되는 곳으로 끊임없이 흐르는 돈의 속성 때문이다.

위의 네 가지 기능은 모두가 우리의 경제생활을 하는 데 절대적으로 필요한 기능이다. 만약 돈이라는 도구가 없다면 그로 인해 빚어지는 복잡함과 비능률성은 말할 것도 없고 모든 사회 · 과학 · 정치 · 경제 활동은 일시에 마비될 것이다.

2. 구제, 의료, 건설 등 사회복지를 위한 건설적 자원이 된다.

● 딤전 6:18

선을 행하고 선한 사업을 많이 하고 나누어 주기를 좋아하며 너그러운 자가 되게 하라.

돈은 구제라든가 의약품 연구 개발, 재해 예방, 주택 · 병원 · 학교 건설 등 인류의 복지를 위한 건설적이고 창조적인 일을 하기 위한 자원이 된다.

3. 복음 전파와 하나님 사역을 위한 도구가 된다.

● 행 4:37

그가 밭이 있으매 팔아 그 값을 가지고 사도들의 발 앞에 두니라.

복음 전파도 물질적인 지원을 필요로 한다. 우리나라에 복음이 전해질 때에도 선교사들은 학교와 병원을 지으며 복음을 전했다. 오늘날 해외에 나가 있는 수많은 선교사에게는 물질적인 지원이 간절히 필요하다. 초대교회가 부흥하는 데도 물질로 헌신한 믿음의 사람들이 있었다. 바나바는 자신의 땅을 교회의 터전으로 바쳤고(행 4:36-37), 자주색 옷감 장수였던 루디아도 초대교회를 위해 자기 재산을 아끼지 않는 훌륭한 본보기였다(행 16:14). 예루살렘 교회가 기근으로 인해 어려움을 겪을 때도 사도 바울은 고린도 교회 성도들의 헌금을 모아 예루살렘 교회에 보내 주었다. 오늘도 수많은 선교지에서는 선교를 위한 물질적 지원을 기다리고 있다.

4. 각 개인의 삶을 안정되고 윤택하게 한다.

● 전 5:19

또한 어떤 사람에게든지 하나님이 재물과 부요를 그에게 주사 능히 누리게 하시며 제 몫을 받아 수고함으로 즐거워하게 하신 것은 하나님의 선물이라.

너무 가난하면 의식주, 건강, 주거, 취미 생활 등 삶의 많은 부분이 희생을 당하거나 제약을 받게 된다. 심지어 자녀들을 공부시키려 해도 경제적 뒷받침이 있어야 한다. 물질적 풍요함이 뒷받침될 때 각 개인과 가정이 좀 더 여유 있고 윤택한 삶을 살 수 있다. 하나님께서는 각 가정에 물질을 선물로 주셔서 즐거움을 누리게 하시는데, 성경은 이것을 "하나님의 선물"이라고 말한다.

부정적인 면

1. 돈을 의지하고 섬기게 만든다.

● 마 6:24

한 사람이 두 주인을 섬기지 못할 것이니 혹 이를 미워하고 저를 사랑하거나 혹 이를 중히 여기고 저를 경히 여김이라 너희가 하나님과 재물을 겸하여 섬기지 못하느니라.

위의 본문을 보면 예수님은 돈을 맘몬이라는 단어에 비유함으로써 돈을 의인화하고 유사 신격을 지닌 존재로 표현하셨다. 즉 돈을 하나님의 대항마, 즉 경쟁 신(rival god)으로 간주하신 것이다.
돈은 단순히 가치중립적이고 비인격적인 경제적 수단이나 지불 수단으로 머물지 않고 그 자체가 하나의 생명을 갖는 힘이요 권력이 된다.

돈이 물질 세계를 넘어서는 영적인 의미와 방향성을 갖게 되는 것이다. 돈은 사람들을 미혹하는 강력한 힘이 있어서 사람들을 자신의 지배 아래 두고자 하는 경향이 있다. 따라서 사람들은 돈을 객체요 수단으로 지배하지 못하고 오히려 돈에 예속당하기 쉽다. 그래서 저도 모르게 돈이 추구하는 목적을 자신이 추구하는 삶과 동일시하여 돈의 법칙에 지배당하게 된다. 심지어 돈이라고 하는 권세는 세상에서 여러 모양의 인간관계와 인간 행동을 규정하고, 나아가 인간의 신앙생활마저 통제한다. 그러므로 사람들은 돈의 주인이라거나 관리하는 존재가 아니라 돈에 지배당하는 존재가 되고 만다.

2. 불법, 폭력, 전쟁 등을 일으키는 데 필요한 파괴적 자원이 된다.

● 잠 17:19

다툼을 좋아하는 자는 죄과를 좋아하는 자요 자기 문을 높이는 자는 파괴를 구하는 자니라.

돈은 인류의 삶을 멸망하게 하고 평화를 파괴하는 일을 도모하는 악한 자원이 된다. 전쟁을 일으키기 위한 무기나 마약을 만들거나 폭력이나 전쟁 등 각종 악한 일을 준비하는 데 돈이 사용되는 것이다.

3. 인간이나 가정을 파괴시킬 수 있는 힘이 있다.

● 딤전 6:9

부하려 하는 자들은 시험과 올무와 여러 가지 어리석고 해로운 욕심에 떨어지나니 곧 사람으로 파멸과 멸망에 빠지게 하는 것이라.

돈 때문에 탐욕의 노예가 되거나 교만하고 사치하며 방탕하기가 쉽다. 돈 때문에 비굴해지고 돈 때문에 인격이나 양심을 팔기도 하고 한다.

뿐만 아니라 사람이 돈의 노예가 되면 건강, 가정, 양심, 인간관계, 신앙 등 인생의 소중한 것을 잃게 된다.
위의 본문은 돈 때문에 사람이 멸망한다고 말한다. 가정도 예외가 아니다. 돈 때문에 이혼하고 가정이 파괴되는 경우가 많다. 심지어 돈 문제, 사업 실패, 빚 등으로 인해 자살하는 사람도 많다.

4. 수많은 범죄와 비극의 원인이 된다.

● 잠 30:9

혹 내가 배불러서 하나님을 모른다 여호와가 누구냐 할까 하오며 혹 내가 가난하여 도둑질하고 내 하나님의 이름을 욕되게 할까 두려워함이니이다.

위의 본문은 지나친 가난이 도적질로 연결될 수 있음을 말하고 있다. 사실 돈은 각종 살인, 폭력, 사기, 유괴, 성범죄 따위의 직접적인 원인이 된다. 돈 때문에 살인하고 유괴하고, 돈 때문에 폭력을 행사한다. 형무소에 수감된 죄수 대부분은 돈 때문에 죄를 지은 사람들이다.

돈에 대한 교회의 태도

돈에 대한 교회의 태도는 크게 두 가지로 나누어진다. 하나는 돈에 대한 긍정적인 태도다. 인간과 세상, 이 모든 것은 하나님께서 아름답게 창조하셨다. 더욱이 만물을 정복하고 지키고 다스리라고 하신 명령 안에 물질의 사용은 이미 허락되었다(창 1:28, 2:15). 그렇다면 물질은 필요하고 좋은 것이지 악한 것이 아니다. 비록 타락으로 인해 그 아름다움이 손상되었다 하더라도 아담의 후손인 인류가 물질적 풍요로움을 누렸다는 사실은 하나님이 인간을 위해 선물로 주신 물질이 그대로 유효하며 우리가 변함없는 주님의 상속자임을 암시한다(레 25:23; 고전 10:26). 물질은 인간의 행복과 풍요로운 삶을 위해 인간을 사랑하시는 하나님이 직접 인간에게 허락하신 선물인 것이다.

신약 시대에는 구약 시대보다 재물에 대한 위험이 좀 더 적극적으로 지적되었음에도 여전히 재물에 대한 긍정적인 측면을 발견할 수 있다. 예수님의 사역을 도왔던 주위의 여러 인물, 예를 들면 막달라 마리아, 헤롯의 청지기 구사의 아내 요안나와 수산나(눅 8:2-3, 10:38), 예수님을 장사 지낸 아리마대 요셉(마 27:57-61), 많은 사람을 구제했던 백부장 고넬료(행 10장)도 부자였다. 그리고 이들이 소유한 재물은 초대교회의 태동에 귀하게 쓰였다.

한편 돈의 또 다른 입장은 돈을 부정적으로, 혹은 소극적으로 다루는 금욕주의적 사상이다. 이는 인간의 탐심과 돈의 위험성을 지나치게 강조한 나머지 돈을 멀리할수록 죄를 덜 짓는다고 생각하는 것이다. 이러한 태도는 경제 활동을 부정적으로 보게 하며, 현실로부터 도피하거나 무관심한 것이 하나님의 방법대로 사는 것이라고 착각하게 하고, 더 나아가 부자들은 다 죄인이고 가난해야만 경건할 수 있다고 주장한다. 그러다 보니 돈이 갖는 실제적인 중요성에도 상관없이 돈을 세상의 부패와 타락을 초래하는 가장 대표적인 존재로 보게 되는 것이다. 예를 들면 '돈은 모든 악의 뿌리' 기 때문에 부를 추구하는 것 자체가 죄악이며, 가난하게 사는 것만이 영적인 삶이라는 것이다. 따라서 거룩한 교회와 공동체 안에서 돈에 관해 논의를 하는 것 자체가 잘못된 것이라고 주장하기도 한다. 이러한 주장이 일부 지지를 받는 것은 우리의 신앙생활에서 돈이 미치는 악영향이 매우 크기 때문이다. 실제로 돈에 대한 염려나 관심이 늘 마음을 지배하기 쉽고, 하나님보다 돈이 삶의 최우선순위가 되어 버리며, 돈 때문에 가족과 형제 사이 갈등과 불화의 원인이 되는 것이 우리의 현실이다.

결론 : 우리는 돈의 양면성을 충분히 이해하여 돈에 대한 균형 잡힌 시각을 가져야 한다. 이를 통해 돈이 가지는 긍정적인 측면을 극대화하는 반면 돈이 가진 부정적인 측면을 최소화해야 한다. 무엇보다 청지기는 돈을 우상의 자리에서 끌어내려서 우리 모두에게 진정한 하나님의 축복의 도구가 되도록 만들어 나가야 할 사명이 있다. 이를 위해서는 돈의 이중성을 잘 이해해야 한다. "지혜로운 자의 재물은 그의 면류관이요 미련한 자의 소유는 다만 미련한 것이니라"(잠 14:24)는 말씀을 기억해야 한다. 칼은 의사의 손에서는 생명을 구하는 메스가 되지만, 강도의 손에서는 생명을 해치는 흉기가 된다. 이처럼 재물은 그 주인이 누구냐에 따라 좋게도, 나쁘게도 사용될 수 있다. 지혜로운 자는 정당하게 벌어 올바르게 사용함으로써 명예를 얻게 되지만, 어리석은 자는 불의하게 돈을 벌어 옳지 못하게 사용한다.

돈의 유혹적 힘을 경계하되 돈의 본래적 선함이 드러날 수 있도록 돈을 통제하는 능력을 길러야 한다. 그리고 한걸음 더 나아가 하나님의 경제 원리를 잘 이해함으로써 돈을 풍성한 삶을 만들어 가는 도구로 삼을 줄 알아야 한다.

02 하나님의 경제 원리

1. 하나님은 만물의 소유주시다.

● 창 1:1

태초에 하나님이 천지를 창조하시니라.

모든 만물의 실제 소유주는 하나님이시고, 우리 또한 본래가 하나님께 예속되어 있다. 성경은 하나님이 이 세상을 창조하셨다는 선포로 시작된다. 세상의 모든 것이 하나님의 소유라는 의미다.

이 땅에 존재하는 모든 것 중에서 하나님께서 창조하시지 않은 것이 하나도 없다(요 1:3; 골 1:16). 우리 자신조차도 스스로 존재하게 된 것이 아니라 하나님께서 당신을 위하여 창조하신 존재다(고전 8:6). 또한 시편에는 이 같은 말씀이 기록되어 있다. "땅과 거기에 충만한 것과 세계와 그 가운데에 사는 자들은 다 여호와의 것이로다"(시 24:1). "하늘이 주의 것이요 땅도 주의 것이라 세계와 그중에 충만한 것을 주께서 건설하셨나이다 남북을 주께서 창조하셨으니"(시 89:11-12). 바울도 시 24편 1절의 말씀을 그대로 인용하여 "이는 땅과 거기 충만한 것이 주의 것임이라"(고전 10:26)고 말한다.

우리가 세상의 주인이 될 수 없는 이유는 무엇일까? 여러 가지 이유가 있지만 몇 가지 중요한 것만 정리하자면 다음과 같다.

a) 사람은 아무 가진 것 없이 태어난다.
b) 자연적 · 사회적 환경이나 가족, 또는 사람들의 도움 없이 혼자만의 힘으로 얻을 수 있는 것은 아무것도 없다.
c) 지금 가지고 있는 것도 언제 어떻게 잃게 될지 모른다.
d) 죽을 때 아무것도 가지고 갈 수 없다.
e) 이생에서 갖고 있는 것은 모두 잠시 빌려 쓰는 것일 뿐이다.

그러므로 우리가 가진 것 중 진정으로 우리 소유라고 말할 수 있는 것은 없다. 다만 우리는 이생에서 사는 동안 그 무엇인가를 맡아서 관리하는 청지기에 불과할 뿐이다. 이것을 바로 인식하고 인정해야 비로소 재물의 압박으로부터 자유로울 수 있다.

창조된 모든 만물은 하나님에 의해 보존되었다가 하나님으로 인해 하나님께로 돌아간다(롬 11:36). 그래서 구원받은 우리들은 하나님의 존재와 영광을 믿음으로 알게 된 후 하나님을 향해 '주님' 이라고 부르는 것이다. 이는 하나님이 나의 주인일 뿐만 아니라, 내가 갖고 있는 모든 것을 포함해서 이 세상의 모든 것의 주인이심을 믿음으로 인정한다는 뜻이다.

 소유권을 하나님께 양도하면 삶의 태도가 바뀐다

진심으로 하나님의 소유권을 인정하고 모든 소유권을 하나님께 양도하면 삶의 태도가 완전히 달라진다. 따라서 이전과는 전혀 다른 새로운 변화가 우리의 삶에 찾아오는데, 그 변화는 다음과 같다.

첫째, 탐욕을 절제할 수 있다.

자신이 물질의 소유주라는 생각 속에 사는 사람은 지나치게 돈을 좇으며 살 확률이 높다. 인간은 기본적으로 '내 소유' 라는 물질 개념을 갖게 되면서 그 소유를 더 늘리려는 경향을 벗어나지 못하기 때문이다. 이른바 '내 것' 에 대한 집착이 생겨나는 것이다. 이러한 집착으로 인해 더 소중한 것을 잃어버리는 줄도 모르고 한평생 돈을 따라다니며 살다가 결국 모든 것을 잃어버리는 사람들이 우리 주변에 얼마나 많은지 모른다. 돈을 미끼로 해서 그리스도인을 넘어뜨리려는 마귀의 전략에 넘어가 버린 것이다.

그러나 하나님의 소유권을 인정하면 내 것에 대한 집착이 사라지면서 적어도 물질의 함정에 빠지지는 않게 된다. 청지기로서의 소임을 다하기 위해 하나님의 뜻에 따라 열심히 돈을 벌지만, 돈 그 자체만을 목적으로 살지 않기 때문이다.

둘째, 돈 때문에 손해를 보아도 분노하거나 실망하지 않는다.

자신이 돈의 소유주라고 생각하는 사람은 돈을 잃었을 때 내 것을 빼앗겼다는 상실감에서 비롯되는 분노와 실망감, 좌절감에 사로잡힌다. 그러나 하나님의 소유권을 인정한 사람은 손해 본 돈이 어차피 내 것이 아니었음을 알기에 분노나 실망할 필요가 없어진다. 더 나아가서는 경험이라는 재산을 쌓을 좋은 기회였다고 긍정적으로 생각하기도 한다. 즉 돈의 주인이 하나님이기에 우리는 손해에 대해서도 보다 객관적인 시각을 가질 수 있다.

셋째, 경제적으로 큰 타격이 와도 보다 쉽게 극복할 수 있다.

부도나 파산, 사기나 잘못된 보증으로 인해 큰 경제적 어려움을 당한 경우, 자신이 물질의 소유주라고 생각하는 사람은 대부분 큰 충격과 상실감으로 인해 어려움을 극복할 힘을 완전히 잃어버린다. 심지어는 화병으로 죽거나 자살로 생을 마감하는 경우도 많다.

그러나 물질의 소유주가 하나님임을 아는 사람은 고난이 닥쳐올 때 오히려 하나님을 더 적극적으로 의지하는 기회로 삼고 하나님과 더 가까워지는 계기로 삼는다. 또한 하나님은 결코 하나님의 사람을 그냥 버려두지 않으신다고 믿기 때문에 소망을 갖게 된다. 소망은 어려운 상황을 극복할 수 있게 하는 가장 큰 힘이다. 자신은 소유주가 아니라 다만 빌려 쓰는 자임을 인식하고 인정하며 깨닫게 되어야 상실감을 넘어 회복과 도전으로 갈 수 있다.

넷째, 가난한 이웃을 돕거나 선행을 위한 일에 돈을 사용할 줄 알며, 사용한 돈을 아까워하지도 않고 오히려 기뻐한다.

자신이 물질의 소유주라고 생각하는 사람은 구제와 선행을 위해 돈 쓰기를 꺼려한다. 혹 구제나 선행을 위해 쓰더라도 다른 사람이 나를 알아주는지, 종교적인 축복이나 구원에 도움이 되는지 등등 자신에게 유익이 되는지 여부를 계산하는 경우가 많다. 또한 내 돈으로 누군가를 도왔다는 공로 의식으로 인해 교만해지기도 쉽다.

그러나 하나님의 소유권을 인정하는 신실한 청지기는 좋은 일을 위해 쓸 돈을 맡겨 주신 하나님께 감사를 드린다. 또한 자신은 오직 하나님께서 사용하시는 축복의 통로에 불과함을 알기에 공로 의식 없이 겸손할 수 있다. 구제와 선행을 위한 용도로 물질이 쓰이는 것을 진심으로 기뻐하고, 보다 중요하지 않은 곳에 물질이 사용되는 것을 아까워한다.

2. 하나님은 우리의 필요를 채워 주시는 공급자시다.

● 마 6:31-33

그러므로 염려하여 이르기를 무엇을 먹을까 무엇을 마실까 무엇을 입을까 하지 말라 이는 다 이방인들이 구하는 것이라 너희 하늘 아버지께서 이 모든 것이 너희에게 있어야 할 줄을 아시느니라 그런즉 너희는 먼저 그의 나라와 그의 의를 구하라 그리하면 이 모든 것을 너희에게 더하시리라.

예수님은, 먼저 그 나라와 그 의를 구할 때 우리가 필요한 것을 공급해 주실 것을 약속하신다. 너무 먹고사는 데 걱정하지 말라고 권면하신다.

이스라엘 민족은 출애굽 과정에서 만나와 메추라기를 먹고 반석에서 솟아 나오는 물을 마시면서 하나님께서 자신들의 먹을 것과 쓸 것을 공급해 주신다는 확실한 믿음을 갖게 되었다.

구약성경에는 하나님의 이름이 여러 가지로 불렸는데 그중의 하나가 "여호와 이레"(창 22:14)다. 이는 '필요한 것을 준비하시고 공급하시는 여호와'라는 의미다. 예수님도 주기도문을 통해 "우리에게 일용할 양식을 주옵시고"라고 간구하기를 원하신다.

먼저 그 나라와 의를 구할 때 하나님은 이 모든 것을 더해 주신다는 약속을 하신다. 모든 인생의 주관자 되시는 하나님은 피조물인 우리가 살아갈 때 필요한 것을 공급해 주시는 분이다.

우리는 자신이 현재 소유하고 있는 재산이나 재물이 자신의 능력과 노력의 결과라고 생각해서는 안 된다. 하나님만이 재물을 얻을 능력을 주실 수 있기 때문이다.

"그러나 네가 마음에 이르기를 내 능력과 내 손의 힘으로 내가 이 재물을 얻었다 말할 것이라 네 하나님 여호와를 기억하라 그가 네게 재물 얻을 능력을 주셨음이라 이같이 하심은 네 조상들에게 맹세하신 언약을 오늘과 같이 이루려 하심이니라"(신 8:17-18).

따라서 우리는 재물을 자신의 노력으로 구하려 하지 말고, 그 재물의 주인이신 하나님께 기도하는 마음으로 구해야 할 것이다.

하나님이 재물을 주시는 분임을 일깨워 주는 성경 구절은 많이 있다.

"여호와께서 나의 주인에게 크게 복을 주시어 창성하게 하시되 소와 양과 은금과 종들과 낙타와 나귀를 그에게 주셨고"(창 24:35).

"이삭이 그 땅에서 농사하여 그해에 백배나 얻었고 여호와께서 복을 주시므로 그 사람이 창대하고 왕성하여 마침내 거부가 되어 양과 소가 떼를 이루고 종이 심히 많으므로"(창 26:12-14).

"네가 구하지 아니한 부귀와 영광도 네게 주노니"(왕상 3:13).

"욥이 그의 친구들을 위하여 기도할 때 여호와께서 욥의 곤경을 돌이키시고 여호와께서 욥에게 이전 모든 소유보다 갑절이나 주신지라"(욥

42:10).

"여호와께서 주시는 복은 사람을 부하게 하고"(잠 10:22).

"어떤 사람에게든지 하나님이 재물과 부요를 그에게 주사"(전 5:19).

 하나님께서 공급자가 되시는 이유

하나님께서는 아버지의 마음을 가지고 계신다. 마태복음 7장 11절에서 예수님께서는 "너희가 악한 자라도 좋은 것으로 자식에게 줄 줄 알거든 하물며 하늘에 계신 너희 아버지께서 구하는 자에게 좋은 것으로 주시지 않겠느냐" 라고 말씀하심으로써 아버지의 마음이 있음을 알려 주셨다. 사실 좀 더 정확히 말하자면, 하나님께 아버지의 마음이 있는 것이 아니라, 하나님의 마음 중 아버지가 가져야 할 마음을 세상의 모든 아버지에게 심어 주신 것이다. 세상의 모든 아버지에게는 본능적으로 자녀에게 좋은 것을 주려는 매우 강한 책임감이 있다. 그런 마음은 하나님께서 심어 주신 것이다. 육신의 아버지를 통해 하나님 아버지의 마음이 어떤지를 조금이라도 이해할 수 있도록 그렇게 하신 것이다.

또한 성경에서는 하나님께 어머니의 마음도 있음을 알려 준다. 이사야 49장 15절을 통해서 하나님께서는, "여인이 어찌 그 젖 먹는 자식을 잊겠으며 자기 태에서 난 아들을 긍휼히 여기지 않겠느냐 그들은 혹시 잊을지라도 나는 너를 잊지 아니할 것이라"고 말씀하셨다. 어머니는 결코 젖먹이 자식을 잊지 못한다. 혹시 젖먹이 때 자식을 잃었다 하더라도 평생 잊지 못할 정도로 자식에 대한 어머니의 모성애는 깊고 진하다. 심지어 독한 마음으로 자식을 버리거나 입양 보낸 매정한 어머니라 할지라도 평생 그 자식을 잊지 못한다. 이러한 어머니의 마음 역시 하나님께서 심어 주신 것이다. 즉 어머니가 자식을 향해 갖고 있는 마음은 우리를 향한 하나님의 마음 중 일부분을 보여 주는 상징에 불과하다. 하나님의 마음은 이보다 더 넓고 길고 높고 깊다. "능히 모든 성도와 함께 지식에 넘치는 그리스도의 사랑을 알고 그 너비와 길이와 높이와 깊이가 어떠함을 깨달아 하나님의 모든 충만하신 것으로 너희에게 충만하게 하시기를 구하노라"(엡 3:18-19).

하나님께서는 아버지, 어머니의 마음과 함께 목자의 마음을 가지고 계심을 성경을 통해 알려 주셨다. 요한복음 10장 11절, 14-15절을 보면, 예수님께서 스스로를 "선한 목자"라고 소개하시면서 '선한 목자는 양들을 위해 목숨을 버린다'고 말씀하셨다. 목자 출신이었던 다윗은 양을 지킬 때 사자나 곰이 새끼 양을 움키면 목숨을 걸고 쫓아가서 사자나 곰과 싸워서 새끼 양을 구했음을 고백한 적이 있다(삼상 17:34-35). 이와 같이 우리를 위해 목숨까지도 버리기를 아까워하지 않는 선한 목자의 마음을 갖고 계시는 하나님께서 우리를 위해 공급해 주실 때 무엇을 아까워하시겠는가.

이 사실을 묵상해 보면 하나님께서 우리에게 공급해 주시는 이유가 결코 우리가 선행을 했거나 잘났기 때문이 아님을 알 수 있다. 만약 하나님께서 공급을 결정하실 때 우리의 선행이나 잘남을 기준으로 하셨다면 우리에게는 공급받지 못할 이유가 훨씬 더 많으므로 늘 불안해하며 전전긍긍할 수밖에 없을 것이다. 그러나 하나님의 공급이 영원토록 변치 않는 사랑과 긍휼 때문이라면 청지기는 더 이상 염려하거나 불안해할 필요가 없다. 이처럼 감사하고 다행인 일이 또 어디에 있겠는가.

3. 하나님은 인생의 주관자시다

● 잠 16:9

사람이 마음으로 자기의 길을 계획할지라도 그의 걸음을 인도하시는 이는 여호와시니라.

각 사람에게 생명을 주시고 사람의 머리털까지도 다 세시는(마 10:30)

하나님은 모든 사람의 생명과 인생을 주관하신다. 사람이 아무리 자기의 지혜와 능력을 가지고 살아간다 해도 결국은 하나님께서 우리 각자의 삶을 인도하고 계심을 알아야 한다. 위 본문은 내 인생 여정은 하나님의 손에 의해 이끌려 간다는 사실을 말하고 있다. 아무리 우리가 노력을 해도 "여호와께서 집을 세우지 아니하시면 세우는 자의 수고가 헛되며 여호와께서 성을 지키지 아니하시면 파수꾼의 깨어 있음이 헛"(시 127:1)된 일이 된다.

우리는 내일 무슨 일이 일어날지 모른 채 오늘을 살아가지만 하나님은 이미 우리의 앞날을 계획하고 예비하고 계시며, 하나님의 방법으로 우리의 삶 속에 깊이 개입하고 계신다. 그래서 솔로몬은 "사람의 걸음은 여호와로 말미암나니 사람이 어찌 자기의 길을 알 수 있으랴"(잠 20:24)고 말한다.

한나는 기도 가운데 이 같은 말을 했다. "여호와는 죽이기도 하시고 살리기도 하시며 스올에 내리게도 하시고 거기에서 올리기도 하시는도다 여호와는 가난하게도 하시고 부하게도 하시며 낮추기도 하시고 높이기도 하시는도다 가난한 자를 진토에서 일으키시며 빈궁한 자를 거름더미에서 올리사 귀족들과 함께 앉게 하시며 영광의 자리를 차지하게 하시는도다 땅의 기둥들은 여호와의 것이라 여호와께서 세계를 그것들 위에 세우셨도다"(삼상 2:6-8).

당대의 의인 욥도 자신의 전 재산과 자식을 잃어버린 상황에서도 절망하거나 하나님을 원망하지 않고 오히려 찬양을 드렸다. "이르되 내가 모태에서 알몸으로 나왔사온즉 또한 알몸이 그리로 돌아가올지라 주신 이도 여호와시요 거두신 이도 여호와시오니 여호와의 이름이 찬송을 받으실지니이다"(욥 1:21).

욥은 자신의 모든 소유가 하나님께로부터 주어진 것이므로 궁극적으로 자신의 것이 아니라 하나님의 것임을 알고 있었기 때문에 그것을 잃었을 때에 하나님께 찬양을 드릴 수가 있었다. 사탄은 욥이 하나님을 경외하는 이유가 그분으로부터 재물의 복을 받았기 때문이며, 하나님이 만약 그 복을 거두어 가신다면 욥은 틀림없이 하나님을 원망할 것이라고 주장했다(욥 1:11). 그러나 결과는 그렇게 되지 않았다. 하나님을 향한 욥의 믿음은 결코 물질적인 것에 따라 좌우되지 않았다.

한나도 욥도 하나님의 절대 주권을 잘 알고 있었다. 부하게 되고 가난하게 되는 것, 재물을 얻고 잃는 것, 이 모든 것은 하나님의 주권에 달린 것이다. 이 세상의 생사화복이 모두 하나님께 달렸으므로, 모든 것을 그분께 맡기고 살아야 한다.

4. 모든 사람은 하나님의 청지기로 부름을 받았다.

● 창 2:15

여호와 하나님이 그 사람을 이끌어 에덴동산에 두어 그것을 경작하며 지키게 하시고

하나님은 인간을 창조하시고 땅을 인간에게 맡기면서 잘 다스릴 것을 명령하셨다. 이로써 하나님, 인간, 그리고 땅으로 표현되는 물질세계 사이에 하나의 관계가 성립하게 되는데 그것이 바로 청지기 직분이다. 청지기 사상의 핵심은 하님이 모든 물질세계의 주인이며 인간은 그 세계를 하나님의 것을 위임받아 잘 다스려야 할 책임이 있다는 것이다. 하나님은 이 점을 수시로 이스라엘 백성에게 상기시키곤 하셨다(출 19:5; 레 25:23; 신 10:14; 욥 41:11; 시 8:6-8, 24:1; 눅 12:42; 고전 10:26).

예수님도 청지기의 주제를 중요한 가르침 중에 하나로 삼으셨다. 예수님께서 직접 언급하신 곳은 어리석은 청지기의 비유(눅 12:42-48)와 불

의한 청지기(눅 16:1-13) 비유 두 곳밖에는 없지만, 그 밖에도 부자와 나사로(눅 16:19-31), 보상을 바라지 않는 종(눅 17:7-10), 포도원의 비유(마 20:1-6), 달란트 비유(마 25:14-30) 등을 보면 그 안에 청지기의 주제가 흐르고 있음을 알게 된다.

인간은 하나님과의 관계에서 '죄인', '타락한 피조물', '빚진 자', '종' 등 몇 가지 이름으로 불리고 있지만 그중에 '청지기'는 특히 잘 묘사된 이름이다.

● 고전 4:1-2

사람이 마땅히 우리를 그리스도의 일꾼이요 하나님의 비밀을 맡은 자(오이코노모스)로 여길지어다 그리고 맡은 자들에게 구할 것은 충성이니라.

위 성경 구절에서 "맡은 자"라고 번역된 그리스어(헬라어) '오이코노모스'(oijkonomos)는 '내 것이 아닌 주인의 것을 대신 맡아서 관리하는 관리자'라는 의미를 지닌다.

명예와 부귀를 지닌 고대 사회의 명문가에서는 모두 집안에 청지기를 고용했다. 청지기는 주인의 것을 잘 관리할 뿐만 아니라 그것을 늘리고 분배하는 일까지 담당했다. 성경에서 "맡은 자"란 바로 그 청지기를 뜻한다.

이 땅에 태어날 때 우리는 모두 빈손을 들고 왔다. 본래 내 것이란 아무것도 없다. 내가 살아가는 땅도, 내가 숨쉬는 공기도, 내가 보는 하늘도 하나님께서 만들어서 잠시 주시는 것일 뿐이다. 내 생명, 내 재산, 내 자녀, 내 건강, 내 지식도 마찬가지다. 이 모든 것이 잠시 하나님께서 내게 맡겨 주신 것일 뿐, 하나님께서 거두어 가시면 아무리 붙잡으려 해도 붙잡을 수 없는 것이다. 성경은 이 사실을 분명히 말씀하면서 우리가 재물에 대해 어떤 역할을 해야 하는지도 밝히고 있다. 즉 선한 청지기로 살라는 것이다. 재물의 주인 되신 하나님의 청지기로서 그 재물을 관리하고 늘리고 다스릴 권리를 행사하되, 주인의 뜻에 맞게, 주인을 위하여 행사해야 한다.

우리의 경제생활에서 "재물의 주인은 하나님이시고, 나는 다만 하나님의 청지기로 부름받은 존재"라는 불변의 원칙이 살아 있다면 우리는 재물의 많고 적음을 떠나 언제든 재물로부터 자유스럽고, 걱정으로부터 자유스럽게 될 것이다. 재물을 늘리고 관리할 지혜도 얻을 수 있다. 돈을 많이 벌어 부자가 되는 것이 목표가 아니라 언젠가 하나님과 만나는 날 "착하고 충성된 종"이라 칭찬받는 것을 목표로 달려가는 인생으로 살면, 그는 경제생활에서도 진정한 성공을 거둘 것이다.

 청지기직

성경 어디에도 '청지기직'(stewardship)에 대해 명확한 정의를 내린 곳은 없다. 그러나 우리는 청지기직을 '하나님이 우리에게 주시는 선물을 받는 것(receiving), 그리고 받은 그것을 나누는 것(sharing)'의 의미로 이해할 수 있다. 이러한 관점에서 이제 청지기직의 원리를 살펴보기로 하자.

• 청지기직의 속성

우리는 청지기직을 단지 '주고 나누는 것'이라고 생각하기가 쉽다. 그러나 여기서 중요한 것은 이웃에게 '주기' 위해서는 먼저 내가 '가져야' 하고, '가지기' 위해서는 내가 먼저 '받아야' 한다는 사실이다. 그런 의미에서 청지기직을 감당하기 위해서는 내가 먼저 하나님의 선하시고 풍성한 선물을 받아야 한다. 그리고 일단 받으면 그 선물은 자기 자신뿐만 아니라 다른 사람들의 유익을 위해서도 사용되어야 한다. 그리고 이것은 궁극적으로 하나님께 영광을 돌리는 일이 된다. 결국 청지기는 하나님으로부터 선물을 받은 '빈손'과 그 받은 선물을 하나님과 이웃에게 주기 위한 '부지런한 손'을 필요로 한다.

구약이나 신약 시대에 청지기는 집의 관리인으로서 가정 일을 총괄하는 집사였다. 그에게는 주인의 재물과 재산, 그리고 다른 노예들까지도 관리해야 할 책임이 주어졌다. 그런 면에서 보디발이 청지기로 고용했던 요셉은 청지기의 좋은 표본이 된다.

"요셉이 그의 주인에게 은혜를 입어 섬기매 그가 요셉을 가정 총무로 삼고 자기의 소유를 다 그의 손에 위탁하니 그가 요셉에게 자기의 집과 그의 모든 소유물을 주관하게 한 때부터 여호와께서 요셉을 위하여 그 애굽 사람의 집에 복을 내리시므로 여호와의 복이 그의 집과 밭에 있는 모든 소유에 미친지라 주인이 그의 소유를 다 요셉의 손에 위탁하고 자기가 먹는 음식 외에는 간섭하지 아니하였더라"(창 39:4-6).

청지기직은 다음과 같은 의미를 가지고 있다고 볼 수 있다. (1)책임을 진 종이다. (2)궁극적인 권한이나 소유권은 주인에게 있다. (3)주인의 뜻에 맞게 성실하게 행사했는가를 언젠가 결산해야 한다.

크리스천이 청지기직을 성실하게 수행하는 것은 단지 하나님의 선물을 받고 나누는 것에서 끝나는 것이 아니라 그 이상의 의미가 있다. 즉 크리스천이 성실한 청지기의 행동을 보여 줄 때 그 행위는 '하나님께 예물을 드리는 것'(빌 4:18; 히 13:16), '크리스천의 친교와 섬김'(고후 9:12-13), '하나님의 은혜의 표현'(고후 8:1-2, 6-7, 9:14) 그리고 '예수님께 대한 헌신'(고후 8:5)을 한 것이 된다.

• 청지기직의 영역

우리의 생명뿐 아니라 우리가 가진 모든 것은 하나님께서 잠시 맡겨 주신 것이다. 우리가 숨쉬는 것, 날마다 하나님을 경배하고 섬기는 것, 우리의 가족과 비즈니스, 그리고 우리의 지혜와 지식 등 이 모든 것이 여기에 속한다.

바울은 고린도 교인들에게 "누가 너를 남달리 구별하였느냐 네게 있는 것 중에 받지 아니한 것이 무엇이냐 네가 받았은즉 어찌하여 받지 아니한 것같이 자랑하느냐"(고전 4:7)라고 힐문한다. 인생은 빈손 들고 왔다가 빈손 들고 가는 순례의 길이다(딤전 6:7). 그러므로 우리가 가지고 있는 모든 것은 하나님이 주신 선물이다. 우리는 궁극적으로 우리의 것은 아무것도 없다는 것을 알아야 한다. 이런 배경에서 청지기라면 누구나 나누어야 할 의무를 가지고 있다(벧전 4:10). 왜냐하면 모든 것이 하나님으로부터 받은 것이기 때문이다.

부자라면 반드시 이웃과 나누어야 한다(딤전 6:17-19). 한편 바울은 극심한 가난에 처해 있는 마케도니아 교인들에게 예루살렘 교회를 위해 너그럽게 헌금하라고 권면한다(고후 8:1-2). 결국 부자든 가난한 자든 주고 나눌 줄 알아야 한다는 결론에 도달하게 된다.

• 청지기직의 동기

나눔의 동기를 분별하는 것은 매우 중요한 일이다. 왜냐하면 동기에 따라 이것이 하나님께 드리는 것인지, 하나님 앞에서 합당한 것인지 판단할 수 있기 때문이다.

아나니아와 삽비라는 자신의 밭을 팔아 교회에 드렸으나 징벌을 받았다. 우리가 하나님을 향한 사랑이 없이 형식적이거나 억지로 드리는 것은 하나님의 인정을 받을 수 없다(행 5:1-6). 가인과 아벨의 경우를 보면 하나님께 제사를 드리는 올바른 동기의 중요성을 다시 깨닫게 한다. 가인과 아벨은 똑같이 하나님께 예물을 드렸으나 하나님께서는 가인의 예물을 받지 않으셨다(창 4:1-7; 히 11:4).

그렇다면 무엇이 크리스천에게 가장 중요한 나눔의 동기일까?

첫째, 하나님에 대한 사랑과 이웃에 대한 사랑의 마음을 가지고 해야 한다(고후 5:14-15; 고전 13:3). 이것은 우리가 하나님이 보여 주신 사랑을 닮아 가려고 하는 것이다(요 15:12; 고후 8:9; 요일 4:19).

둘째, 우리는 물질을 가지고 받은 은혜에 보답하도록 부름을 받았다. 바울은 이방인으로서 예루살렘 교회에 영적인 빚을 지고 있으며, 물질을 그 교회에 보내면서 빚진 것을 확인한다(롬 15:26-27). 그리고 "가르침을 받는 자는 말씀을 가르치는 자와 모든 좋은 것을 함께하라"(갈 6:6)고 말한다.

셋째, 생활에 필요한 것을 공급할 때는 공평할 필요가 있다(고후 8:13-15). 요한은 이 일을 크리스천이 해야 반드시 해야 할 일이라고 말한다. "누가 이 세상의 재물을 가지고 형제의 궁핍함을 보고도 도와줄 마음을 닫으면 하나님의 사랑이 어찌 그 속에 거하겠느냐"(요일 3:17). 결국 바울과 요한이 보는 것은 단지 부자가 가난해지고 가난한 사람이 부자가 되라는 뜻이 아니다. 그것은 많은 물질을 가지고 있는 사람은 가난한 자들을 도와 그들이 물질의 궁핍함으로부터 벗어나게 하라는 뜻이다.

넷째, 우리는 청지기는 주인에게 충성해야 한다(고전 4:2). 신실하고 충성된 청지기는 하나님의 칭찬을 받게 될 것이고 게으르고 악한 청지기는 모든 것을 빼앗기고 심판을 받을 것이다(고전 4:5; 고후 5:10).

• 청지기직의 결과

하나님께서 우리에게 이러한 선물을 주신 이유는 그것을 통해서 하나님의 영광을 드러내고 이웃에게 유익을 주기 위한 것이다(고전 4:1, 12:7; 벧전 4:10-11).

청지기가 맡은 일에 신실할 때 다음과 같은 결과를 얻게 된다.

첫째, 나누는 행위에서 끝나지 않고 하나님께 감사를 드리는 결과를 얻게 된다(고후 9:11-13).

둘째, 물질을 필요로 하는 사람의 요구를 충족한다(고후 8:14, 9:12). 그리고 다른 사람에게 이런 일을 하도록 자극과 영향을 미친다(고후 9:2). 크리스천 한 사람의 행동이 전체 교회에 큰 영향을 미치는 경우도 있다. 예를 들어 루디아가 그렇다(행 16:14-15).

셋째, 이웃에게 후한 사람은 하나님께서 그가 더 많은 것으로 나눌 수 있도록 많은 것으로 보충해 주신다(고후 9:8-10).

넷째, 자기 인생, 능력, 물질에 신실한 청지기의 기도는 하나님께서 반드시 응답해 주실 것이다(사 58:6-9; 요일 3:17-22). 이 땅에서 복을 받을 뿐만 아니라 천국에서의 상급도 클 것이다(마 6:4; 행 20:35).

03 청지기의 특성

마태복음 25장 14-30절에 나타난 달란트의 비유는 청지기기의 특성이 무엇인지 잘 설명해 주고 있다.

1. 청지기는 주인의 소유를 위임받은 사람이다.

● 마 25:14

또 어떤 사람이 타국에 갈 때 그 종들을 불러 자기 소유를 맡김과 같으니.

청지기는 모든 것을 주인으로부터 임시로 맡아서 보관할 뿐이다. 자신의 것은 아무것도 없다. 주인의 대리자로서 맡은 일을 감당할 뿐이다.

2. 청지기는 주인의 것을 잘 관리, 증식, 분배해야 할 책임이 있다.

● 마 25:26

그 주인이 대답하여 이르되 악하고 게으른 종아 나는 심지 않은 데서 거두고 헤치지 않은 데서 모으는 줄로 네가 알았느냐.

청지기에게는 주인의 것을 잘 관리하고 재산을 잘 지키고 최선을 다해 이익을 남기는 책임과 의무가 주어졌다. 고대의 청지기 관습을 살펴보면, 청지기는 보통 주인의 식탁 시중을 드는 일부터 식량, 의복, 금전 관리, 하인 감독, 주인의 수입과 지출을 관장하는 업무를 했다.
위 본문을 보면 주인으로부터 위임받은 달란트를 땅에 묻어 둠으로써 책임을 다하지 못한 종을 향해 주인은 악하고 게으르고 무익하다고 질책한다.

3. 청지기는 주인에게 충성해야 한다.

● 마 25:21

그 주인이 이르되 잘하였도다 착하고 충성된 종아 네가 적은 일에 충성하였으매 내가 많은 것을 네게 맡기리니.

청지기에게는 주인의 대리자로서의 특권이 주어진다. 그러나 특권이 있는 만큼 청지기는 주어진 직무에 대해 충성해야 할 의무도 있다. 고린도전서 4장 2절에서도 "그리고 맡은 자(청지기)들에게 구할 것은 충성이니라"고 말씀한다. 신실한 청지기는 어떠한 상황에서도 주인에게 충성과 헌신을 해야 할 의무를 가지고 있다. 위 본문을 보면 맡은 일에 충성한 종에게 주인은 칭찬을 아끼지 않는다.

4. 청지기는 언젠가 주인과 결산해야 한다.

● 마 25:19

오랜 후에 그 종들의 주인이 돌아와 그들과 결산할새.

청지기의 직무 중 매우 중요한 특성은 언젠가 주인과 결산을 해야 한다는 것이다. 인간에게 주어진 청지기 직분은 생명이 끝남과 동시에 마감되며, 곧 이어 회계 보고의 과정이 있게 된다. 위 본문을 보면 주인은 종들에게 각각 다른 달란트를 주고 타국에 다녀온 후 그들과 결산을 한다. 이때 열심히 노력을 해서 이윤을 남긴 종들에게는 칭찬과 더불어 더 많은 재산을 맡겨 주었지만, 게으르고 핑계를 늘어놓을 뿐만 아니라 주인에게 모든 책임을 돌리는 악한 종에게는 책망과 더불어 있는 것까지 빼앗고 내쫓는다(마 25:24-30). 하나님께서 맡겨 주신 것을 최대한 활용해서 더 많은 재산을 확보할 수 있도록 충성스럽게 일하는 자가 바로 청지기인 것이다. 성경은 "한번 죽는 것은 사람에게 정해진 것이요 그 후에는 심판이 있으리니"(히 9:27)라고 말한다. 언젠가 하나님 앞에서 결산할 그날을 준비하며 사는 사람이 지혜로운 청지기다.

04••• 신실한 청지기의 자세

1. 돈의 위험성을 늘 경계한다.

● 마 6:21

네 보물 있는 그곳에는 네 마음도 있느니라.

신실한 청지기가 되기 위해서는 돈의 위험이 무엇인지 잘 알아서 늘 경계해야 한다. 돈(부)의 위험은 크게 다음 네 가지로 분류할 수 있다.

첫째, 돈은 자신을 지배자로 만들어 하나님의 자리를 빼앗는다.

자본주의 경제가 지배하고 있는 사회에서 돈이면 해결 못할 일이 별로 없다. 물건만이 아니라 사람의 마음까지도 살 수 있다. 돈의 힘이 너무 세다 보니 사람들은 더 이상 하나님을 섬기려 하지 않는다. 돈의 힘으로 거의 모든 것을 할 수 있기 때문이다. 하나님께 기대할 것이란 겨우 죽음 이후에 얽힌 문제 정도일 뿐이다. 그것은 아직 돈으로 해결할 수 없기 때문이다.

돈이 약속하는 힘은 매혹적이고 매우 강력하다. 이미 풍족할 만큼 돈을 소유하고 있는데도 더 많은 돈을 갖기 위하여 온갖 애를 다 쓰는 것은 맘몬 신에 대한 우상 숭배에 빠져 있기 때문이다. 이 맘몬 신에게 사로잡히면 스스로 헤쳐 나오기가 매우 어렵고 돈을 섬기게 된다. 그리스도인 중에는 하나님과 재물을 겸하여 섬기려는 사람이 많이 있다. 이런 사람은 하나님도 놓치고 싶지 않고 재물도 놓치고 싶지 않다는 심리를 가졌다고 볼 수 있다. 그러나 신자에게 삶의 목적은 하나님을 섬기는 것이며, 재물은 그 목적을 위한 수단에 불과함을 깨달아야 한다. 우리는 돈을 지배하는 주인이 되어야지, 돈의 지배를 받고 섬기는 노예가 되어서는 안 된다.

둘째, 돈은 영적 성숙에 치명적인 위협을 준다.

오늘날 돈 없는 사람은 돈이 없어서 상처받고 걱정하고 절망한다. 그런가 하면 부자들은 돈을 지키느라 걱정하고 스트레스 받는다. 현대인은 돈 때문에 웃고, 돈 때문에 울며, 돈 때문에 일하고, 돈 때문에 사귀고, 돈 때문에 헤어지고, 돈 때문에 죽는다고 해도 과언이 아니다. 이렇듯 돈이 우리의 시간과 행동을 송두리째 지배하고 있으니 사람들은 하나님보다도 돈 생각에 더욱 집착하게 되고, 결국은 영적 생활을 잘 영위할 수 없게 된다. 영성은 전심을 쏟지 않으면 성장하지 않는다. 따라서 돈 문제에 너무 마음을 빼앗겨 버리면 돈이 우리의 영성의 목을 조른다.

셋째, 재물을 어느 정도 가지면 자신의 삶을 스스로 안전하게 보장받으려는 유혹을 받게 되며, 장래 보장에 대한 욕구는 염려와 근심을 초래한다. 돈이 많으면 많을수록 오히려 불안감이 커지는 경우가 많다. 빠른 시간 안에 큰돈을 모으려는 조바심, 모은 돈을 가장 안전하게 지키려는 불안감, 가장 효율적인 방법으로 돈을 불리려는 고민, 투자한 것에 대한 불안감, 지금 누리고 있는 삶을 지탱하려는 욕구 등 이 모든 것이 삶을 더욱 불안하게 만든다. 대부분의 사람은 돈을 모으는 만큼 근심도 같이 모으고 있다고 해도 과언이 아니다. 그러나 돈에 의지하지 않고 하나님께 장래를 맡기고 사는 삶에 영적 평안이 찾아온다.

넷째, 돈을 잘못 다루면 그것 때문에 심판을 받게 된다.

모든 크리스천은 하나님의 청지기로 부름을 받았다. 청지기에는 주인인 하나님이 맡기신 것을 잘 다스리고 관리 배분할 책임이 주어진다. 만약 이 책임을 소홀히 했다면 하나님 앞에 결산하는 날 반드시 부끄러움을 당하게 될 것이다.

결론적으로 신실한 청지기는 돈의 위험성을 늘 경계하여 돈을 하나님의 자리로부터 끌어내리고, 돈보다는 하나님 우선순위로 살 것을 다짐하는 사람이다.

오늘도 사탄은 돈이라는 탈을 쓴 채 우리를 유혹한다. "더 많이 가져라. 평안, 만족, 기쁨, 안전함이 여기 있다. 하나님보다 나를 먼저 찾고 나에게 의지해라." 이러한 유혹이 주는 돈의 위험성을 늘 경계할 때 청지기의 삶은 더욱 신실해질 것이다.

2. 돈의 한계성을 늘 명심한다.

● 눅 12:15

그들에게 이르시되 삼가 모든 탐심을 물리치라 사람의 생명이 그 소유의 넉넉한 데 있지 아니하니라 하시고.

우리는 물질 만능주의 시대에 살고 있다. 그러다 보니 '돈이면 안 되는 게 없다' 는 생각이 사람들의 마음을 지배하고 있다. 그러나 곰곰이 생각해 보면 사실 돈으로 할 수 있는 일은 생각보다 그리 많지 않다. 돈은 우리에게 평안과 만족을 주겠다고 약속한다. 그러나 속지 말라. 돈은 우리의 삶을 편하게는 할 수 있지만 평안하게는 할 수 없다. 좋은 차를 사고 좋은 집에 살면 평안한가? 결코 그렇지 않다. 부자들은 가난한 사람보다 편안할 수는 있어도 평안을 보장받지는 못한다. 근심, 걱정의 양으로 따져 보아도 부자들이 상대적으로 더 많은 걱정을 안고 사는 경우가 많다.

돈은 또한 우리에게 '돈만 많이 벌면 내가 너에게 기쁨을 주마' 라고 약속한다. 하지만 이 약속 역시 거짓말이다. 돈이 많으면 재미있는 일은 많이 할 수 있어도 기쁨은 못 얻는다.

'돈이 많으면 안전할 것' 이라는 약속 또한 거짓이다. 돈이 많아도 병들어 죽고, 돈이 많아도 나이 들어 죽는다. 돈이 많아도 자녀의 앞날을 보장할 수가 없다. 재벌가 자녀들의 비행과 그로 인한 불행 역시 막을 수가 없다. 인생의 안전함은 돈으로 살 수 있는 것이 아니다.

'돈이 많으면 만족할 것' 이라는 약속 또한 거짓이다. 물론 돈이 주는 만족과 쾌락이 있다. 그러나 이것이 오래 못 간다는 게 문제다. 돈이 주는 만족으로 인생의 만족을 채우려 하면 할수록 그 공허감 또한 깊어만 간다. 강물이 아무리 흘러도 바다를 넘치게 하지 못하는 것처럼 인간은 천하를 얻어도 결코 완전한 만족을 얻을 수 없다. 그래서 솔로몬은 "은을 사랑하는 자는 은으로 만족하지 못하고 풍요를 사랑하는 자는 소득으로 만족하지 아니하나니 이것도 헛되도다"(전 5:10)라고 말했다.

반면 다윗은 물질이 아닌, 하나님과의 관계 속에서 "내 잔이 넘치나이다"(시 23:5)라는 완전한 만족에 대한 고백을 드릴 수 있었다.

이처럼 재물의 부유함이 안겨다 주는 약속은 거짓이기 때문에 돈을 주인으로 섬기다가는 결국 공허함밖에 남는 것이 없다. 하나님 없이 재물을 많이 쌓은 사람들의 말로를 보라. 그들은 원했던 것을 모두 가졌으나 행복감보다는 공허감이 몰려온다고 한결같이 고백했다. 오늘도 예수님은 사람의 생명이 물질의 소유에 있는 것이 아니라고 말씀하신다.

많은 사람은 자신의 불행이나 고통이 가난 때문이라고 생각한다. 돈만 있으면 모든 것이 다 해결될 것이라고 기대한다. 돈만 있으면 저절로 행복하게 될 것이라고 착각한다. 그러나 절대로 그렇지 않다. 돈의 능력, 그 제한성을 알아야 한다. 황금만능이 아님을 깨달아야 한다. 돈이 할 수 있는 것이 있고 할 수 없는 것이 있음을 아는 사람이 지혜로운 사람이다.

3. 자신의 정체성을 늘 확인한다.

● 요 1:20

요한이 드러내어 말하고 숨기지 아니하니 드러내어 하는 말이 나는 그리스도가 아니라 한대.

신실한 청지기는 내가 누구인지, 지금 어디에 속해 있는지를 늘 확인해야 한다. 내가 하나님의 자녀요, 사망에서 생명으로 옮겨 왔고, 이제는 예수님을 주님으로 섬기는 사람임을 잊지 말아야 한다. 유혹과 혼

돈의 시대를 살아가는 가운데 우리는 나의 정체성을 잃어버리기 쉽다. 그러나 신실한 청지기는 자신의 위치와 본분을 늘 확인해야 하는 것이다.

세례 요한이 요단강에서 세례를 줄 때 사람들이 구름같이 모여들어 그에게 나아왔다. 메시아를 애타게 기다리던 그들에게 요한은 존경과 인기를 한 몸에 받는 사람이었다. 이에 예루살렘에서는 서기관과 제사장을 보내 그가 메시아인지 확인하고자 했다. 위 본문을 보면 세례 요한은 자기가 메시아라든가 엘리야, 선지자가 아니라고 단호하게 말한다. 자신은 예수님의 앞길을 예비하는 광야의 소리에 불과하다고 스스로를 나타낸다. 그는 자신의 위치를 잘 아는 사람이었다.

구원받은 자로서 늘 자신의 정체성을 확인하는 사람만이 물질이 지배하는 이 시대에 하나님을 우선순위로 섬기는 신실한 청지기가 될 수 있다.

05... 정직

성경에는 정직을 강조하는 부분이 매우 많다. 그런데도 그리스도인이 세상과 가장 쉽게 타협하는 부분도 바로 정직이다. 정직함은 신실한 청지기가 반드시 지녀야 할 덕목이다. 갖가지 부정과 불의가 가득한 시대에서 소극적이고 수동적으로 살다 보면 어느새 이 세상의 흐름에 편승하기가 쉽다. 그런 면에서 크리스천은 자신의 정직성을 지키기 위해 적극적으로 대처해야 한다. 인생에 대한 자신감과 확신은 정직에서 나오는 힘이다. 힘 있고 강한 청지기는 정직한 사람이다. 거짓되고 불의한 세상에 거슬러서 하나님의 원리대로 정직하게 살아가는 것이 곧 하나님의 신실한 청지기가 가져야 할 삶의 방식이다.

1. 인간의 속성은 본래 부정직하다.

● 막 7:21-22

속에서 곧 사람의 마음에서 나오는 것은 악한 생각 곧 음란과 도둑질과 살인과 간음과 탐욕과 악독과 속임과 음탕과 질투와 비방과 교만과 우매함이니 이 모든 악한 것이 다 속에서 나와서 사람을 더럽게 하느니라.

인간은 누구에게 배우지 않았어도 태어나면서부터 거짓에 대한 유혹을 느끼며 살아간다. 예수님은 본문에서 인간이 본래 부정직한 본성을 가지고 있다고 말씀하신다. 이러한 인간이 가지는 죄성에 대하여 사도 바울 역시 육신에 선한 것이 거하지 않는다고 탄식한다(롬 7:18).

2. 그러나 신실한 청지기는 정직해야 한다.

● 출 20:15-16

도적질하지 말라 네 이웃에 대하여 거짓 증거하지 말라.

십계명 중에 두 가지는 정직을 말하고 있다. 도적질과 거짓 증거에 대한 것이다. 인간이 속성을 잘 아시는 하나님은 십계명을 통하여 정직을 강조하고 계신다. 구약성경은 공평한 저울을 쓸 것을 명함으로써 정직한 경제 활동의 중요성을 강조했다(레 19:36; 잠 20:23; 겔 45:10; 미 6:11).

우리가 부정직하면 자신의 문제에서 끝나지 않고 결국은 하나님의 영광을 가리고 하나님을 욕되게 하는 결과를 가져오게 된다(레 19:11-12). 하나님은 "너희를 부르신 거룩한 이처럼 너희도 모든 행실에 거룩한 자가 되라"(벧전 1:15)고 말씀하신다. 신실한 청지기는 어떠한 상황에서도 정직해야 한다. 거룩은 정직을 포함하기 때문이다.

3. 정직해야 하나님을 사랑할 수 있다.

● 잠 14:2

정직하게 행하는 자는 여호와를 경외하여도 패역하게 행하는 자는 여호와를 경멸하느니라.

우리가 부정직하여 하나님이 주신 계명에 불순종하면서 여전히 하나님을 사랑한다고 말할 수 없다. 위 본문을 보면 부정직한 것은 하나님을 사랑하지 않고 오히려 하나님을 경멸하는 행위라고 경고한다. 예수님은 "너희가 나를 사랑하면 나의 계명을 지키리라"(요 14:15)고 말씀하신다. 부정한 마음으로는 하나님께 나아가기가 어렵다. 정직해야 하나님을 더욱 사랑할 수 있다.

4. 정직해야 이웃을 사랑할 수 있다.

● 롬 13:10

사랑은 이웃에게 악을 행하지 아니하나니.

하나님은 우리에게 이웃을 사랑할 것을 명령하신다. 그러나 이웃을 속이거나 부정직한 행위를 통해 악을 행하면서 동시에 그들을 사랑한다는 것은 극히 이중적이다. 정직이 없는 이웃 사랑은 위선이요 거짓이다. 정직한 사람이 진심으로 이웃을 사랑할 수 있다.

적극적으로 지키지 않으면 지켜 낼 수 없는 정직

청지기인 우리는 자신의 정직성을 지키기 위해 적극적으로 대처해야 한다. 이사야 33장 15-16절에서는 하나님이 주시는 복을 받을 사람은 바로 자신의 정직성을 지키기 위해 단호히 거짓을 거절하고 적극적으로 정직을 실천하는 사람임을 말씀하고 있다. 현대를 살고 있는 우리는 소극적이고 수동적으로 살다 보면 어느새 거짓과 불의가 가득한 세상의 흐름에 편승하게 되어 있다. 죽은 물고기는 물결 따라 흘러가고 말지만 살아 있는 물고기는 거친 물살도 거슬러 헤엄치는 것처럼, 구원받아 새 생명을 얻은 그리스도인들은 세상의 흐름에 편승해서 살아서는 안 된다. 적극적으로 거짓되고 불의한 세상을 거슬러서 하나님의 원리대로 정직하게 살아가는 것이 곧 하나님의 신실한 청지기가 가져야 할 삶의 방식이다.

정직하게 사는 청지기에게는 그 복이 자녀와 후손에게까지 이어지게 되리라고 잠언 20장 7절에서 약속하고 있다. 자녀는 유산을 상속받아 행복해지는 것이 아니라 부모의 신앙과 정직을 이어받음으로써 견고하고 행복해진다는 것이다. 가장 위대한 유산은 거룩하신 하나님 앞에서 흠 없이 사는 신실한 청지기적 삶의 태도다. 그러므로 자녀에게 정직의 본을 보여 주도록 하자.

정직은 깨끗한 부자가 되는 지름길이다. 그 이유는 정직이 곧 신용을 낳기 때문이다. 인간관계가 복잡하게 얽혀 있는 사회에서 돈을 벌기 위한 가장 중요한 덕목이 무엇이라 생각하는가? 바로 신용이다. 특히 현대 사회에서는 신용을 잃으면 성공하기가 매우 어렵다는 사실을 누구나 인정할 것이다. 그러나 인정은 하면서도 정작 신용을 쌓는 일에는 별로 투자하지 않는 것이 현실이다. 왜냐하면 신용을 쌓기 위해서는 많은 시간과 노력이 필요하기 때문이다. 그러나 장기적으로 보면 신용을 쌓는 것이야말로 가장 확실한 성공의 지름길이다. 특히 신뢰할 만한 사람을 찾기 어려운 요즘 같은 시대일수록 신용이야말로 가장 강력한 경쟁력이라 하겠다.

이를 증명해 주는 통계 자료가 있다. 국제투명성기구(TI) 한국본부가 발표한 '2006 부패인식지수'는 가난과 정직에 관해 중요한 사실을 시사해 준다. '부패인식지수'(CPI, Corruption Perceptions Index)란 전 세계 163개국을 대상으로, 주로 공무원과 정치인의 부패에 대하여 기업인과 애널리스트의 인식 정도를 산출한 수치를 말한다.

이 조사에서 전체의 약 3/4에 해당하는 국가들이 CPI 5점 이하를 기록했는데, 이 가운데는 아프리카 52개국을 포함한 저소득 국가 전체가 해당되었다. 저소득 국가일수록 뇌물 상납의 관례가 보편적으로 받아들여지고 있다는 증거다. 반면, 핀란드, 아이슬란드, 뉴질랜드가 부패인식지수 9.6점으로 공동 1위를 차지했고, 선진국 대부분이 상위를 기록했다(미국, 일본은 7.6점인데 비하여 한국은 5.1점으로서 163개국 중에 42위를 차지했다. OECD 30개 국가 중에서는 23위로, 매우 수치스러운 결과다).

CPI와 국민 소득의 상관관계를 나타내 주는 그래프는 다음과 같다.

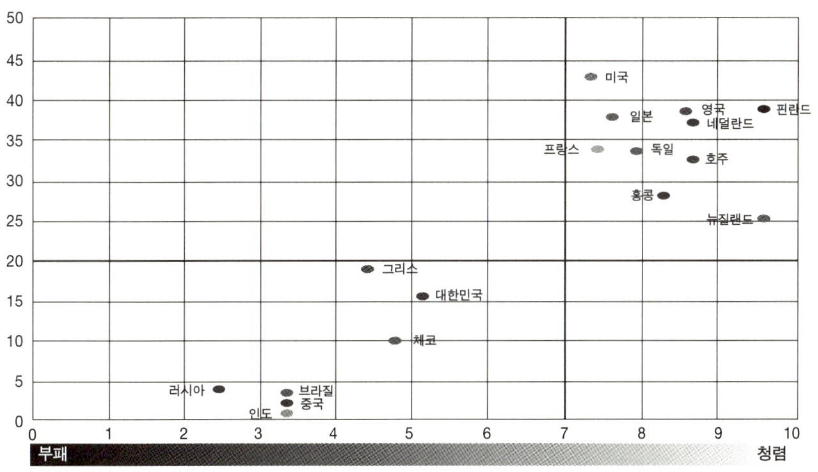

출처 : GNI(세계은행, 2005), CPI(국제투명성기구, 2006)

이와 같은 통계 자료를 토대로 국제투명성기구에서는 가난과 부패가 상당한 비례 관계가 있다는 사실을 '2006년 부패인식지수(CPI)에 대한 국제투명성기구 성명서'를 통해 공식적으로 발표했다.

결론적으로 말하면 정직한 나라일수록 선진국이고 부패한 나라일수록 후진국이다. 이 자료만 보더라도 '정직하면 가난해진다'는 인식은 전혀 사실과 다름을 알 수 있다. 정직하면 오히려 부유해진다. 단기적으로는 정직하면 손해 보는 것 같지만 장기적으로는 정직해야만 부유하게 되며, 또한 정직이야말로 부유함을 유지해 주는 관건이 된다. 이는 국가이건 개인이건 누구에게나 해당되는 경제 원리다. 그러므로 부유함을 통해 하나님께 더욱 충성스럽게 쓰임받기를 원하는 청지기라면 정직에 대해서 결코 세상과 타협해서는 안 된다. 비록 많은 인내와 노력과 시간이 필요하더라도 거룩하신 하나님의 자녀로서, 하나님의 뜻대로 재물을 다루어야 하는 청지기로서 우리는 정직을 생명처럼 소중하게 지켜야 한다.

02과

목적이 이끄는 돈 벌기

》 들어가면서

모든 일에는 목적이 있어야 한다. 아무런 목적 없이 땅을 파겠는가? 목적지도 정해 놓지 않고 기차를 타겠는가? 목적과 원칙 없는 달리기는 중도 하차하거나 엉뚱한 방향으로 갈 가능성이 높다. 마라토너는 자기 페이스를 일정하게 유지하면서도 어느 지점에서 어떻게 속도를 내야 하는지, 어디로 가야 하는지에 대한 분명한 목적의식과 원칙을 지켜야 그 경주를 승리로 이끌 수 있다.

사소한 일을 시작할 때에도 목적이 있어야 하는데 하물며 일생 해야 하는 돈 벌기의 목적이 무엇인지 스스로 진지하게 묻는 이가 거의 없다는 것은 매우 불행한 일이다. 현실이 이렇다 보니 많은 사람들이 돈 그 자체가 삶의 목적이 되어 버려 돈에 끌려 다니며 살아가는 형편이다.

2과 목적이 이끄는 돈 벌기

01 돈에 대한 오해와 진실

우상 숭배로 가득했고, 가난과 굶주림으로 허덕이던 이 나라에 복음이 들어온 이후 하나님께서는 세계에서 유례를 찾기 어려울 정도로 두 가지 큰 축복을 이 민족에게 부어 주셨다. 하나는 교회의 폭발적인 부흥이요, 또 하나는 눈부신 경제 발전이다. 이 두 가지 축복은 분명히 하나님께로부터 온 것임에도 안타깝게도 서로 연결되지 못한 채 평행선을 긋듯이 교회와 경제는 상관없이 발전해 왔다. 교회는 경제 활동을 세속적이라고 치부했고, 사회는 교회를 위선적이라고 조롱했다. 그 결과 세상 속에서 살아가는 그리스도인은 신앙생활과 사회생활 사이의 괴리로 인해 이러지도 저러지도 못하는 갈등 속에서 살아 왔다.

이런 현상은 교회 안에서도 그대로 나타나고 있다. 돈 때문에 신앙생활이 어려워지거나, 반대로 깊어지는 경우도 있고, 신앙생활에 따라 돈 문제가 해결이 되거나 반대로 더욱 나빠지기도 한다. 돈과 신앙생활이 이처럼 깊은 연관성을 지니고 있음에도 교회 안에서는 이에 대해 무지하거나 무관심하기 때문에 돈 문제는 신앙생활에 악영향을 끼치는 요소로만 작용했다. 돈 문제로 인해 기도가 막히거나 말씀에 순종하지 못하는 경우, 교우나 목회자와의 관계가 깨어지는 경우, 교회와 멀어지다가 결국 하나님으로부터도 멀어지는 경우, 교회가 분열되는 경우 등의 사례는 그리스도인이라면 대부분 직간접적으로 경험했을 것이다.

이러한 문제는 그리스도인이 돈에 대해 많은 오해와 편견을 갖고 있기 때문에 생겨난다. 돈에 대해 바른 이해와 가치관을 정립하는 것은 온전한 신앙생활, 아니 풍요로운 인생길을 가기 위한 필수 과정이다. 돈에 대한 오해를 풀기만 해도 인생의 많은 부분이 해결되기 때문이다. 이제 일반적으로 그리스도인이 일반적으로 갖고 있는 네 가지 오해를 풀어 보자.

1. 돈이 많으면 행복하다?

● 전 5:10

은을 사랑하는 자는 은으로 만족하지 못하고 풍요를 사랑하는 자는 소득으로 만족하지 아니하나니 이것도 헛되도다.

사람들은 돈이 많으면 행복할 것이라고 막연히 생각한다. 그러나 이것은 인간에게 내재되어 있는 소유욕과 탐욕을 간과하는 데서 비롯한 생각이다. 돈을 향한 끝없는 탐욕은 인간에게 있어 영원히 벗을 수 없는 족쇄와도 같다, 하나님께서는 사람을 설계하고 만드실 때 아무리 많이 가져도 물질로는 채울 수 없는 마음의 자리를 두셨다. 그 자리가 채워지지 않는 한 아무리 부와 명예와 권력을 가졌다 하더라도 결코 행복해지지 않는다. 솔로몬은 이 세상 누구보다도 금은이 풍부한 부자였다. 그러나 그는 위 본문을 통해 재물의 부유함이 행복을 가져다주지 못함을 고백한다.

그리고 솔로몬은 재산이 없더라도 여호와를 경외하며 서로 사랑하는 화목한 가정이, 재산이 많아도 매일 걱정에 싸여 있으며 사랑이 메마른 가정보다 낫다고 말한다. "가산이 적어도 여호와를 경외하는 것이 크게 부하고 번뇌하는 것보다 나으니라 채소를 먹으며 서로 사랑하는 것이 살진 소를 먹으며 서로 미워하는 것보다 나으니라"(잠 15:16-17). 재산이 늘어 감에 따라 오히려 걱정과 근심이 많아지고, 또 가족끼리 서로 다투는 경우를 주변에서 흔히 본다. 가난한 자는 그 가난에서 벗어나기만 하면 행복해질 것같이 생각하지만, 실제로 부자가 되면 그에 따른 새로운 근심거리가 생기게 마련이다. 따라서 성도는 재물을 행복의 척도로 삼아서는 안 된다. 재산과 행복은 결코 정비례하지 않기 때문이다.

하나님께서는 요한계시록 3장 17절에서 "네가 말하기를 나는 부자라 부요하여 부족한 것이 없다 하나 네 곤고한 것과 가련한 것과 가난한 것과 눈먼 것과 벌거벗은 것을 알지 못하는도다"라고 말씀하신다. 사실 우리는 자신의 상태를 정확하게 알지 못한다. 자신에 대해 아는 것보다 모르는 것이 더 많다. '내가 왜 이러는지 나도 모르겠어' 라고 생각될 때가 얼마나 많은가. 이처럼 무지하기에 우리는 부요하면 부족함이 없을 것이라고 착각한다. 그러나 나를 속속들이 아시는 하나님께서는 부요할 때조차도 어쩔 수 없이 곤고하고 가련하고 가난하고 눈멀고 벌거벗은 절대적 결핍 상태라고 진단하신다. 나를 설계하고 만드신 분이기 때문에 나보다 나를 더 잘 아시는 것이다.

인간의 욕구는 채워지지 않는 거대한 수렁과 같다. 채울수록 더 강해지는 것이 요구다. 그렇기 때문에 돈이 많다고 욕구를 해결할 수 없고 행복할 수도 없다. 오히려 돈 때문에 더 많은 욕구가 생기고, 그 때문에 인간은 타락한다. 그런데도 사탄은 많은 돈이 행복을 가져다줄 것이라는 거짓된 약속을 사람들의 마음속에 심어 놓았다. 그 때문에 사람들은 돈이 많으면 평안할 것이고, 기쁠 것이며, 안전할 것이고, 만족하게 될 것이라는 허황된 약속에 너무나도 쉽게 끌려간다. 그러나 돈으로 집은 살 수 있어도 가정의 행복은 살 수 없고, 침대는 살 수 있어도 단잠은 살 수 없으며, 유흥을 즐길 수는 있어도 기쁨은 살 수 없고, 갖가지 보험에 들 수는 있어도 안전을 살 수는 없다. 그러므로 돈이면 다 될 것이라는 환상에서 깨어나고 돈의 한계성을 분명히 인식할 수 있어야 돈의 지배로부터 자유로울 수 있다.

부자지만 몹시 고통 속에 사는 사람들이 있는가 하면 비록 가난해도 행복과 기쁨을 누리며 사는 사람들을 흔히 볼 수 있다. 여기서 우리는 부유함과 행복이 정비례하지 않음을 알게 된다. 부유하기 때문에 오히려 더 불행해지는 사람도 많다. 부자는 자기가 가진 것 때문에 더 불안할 수 있다. 빼앗길까 봐, 도둑맞을까 봐, 줄어들까 봐, 순식간에 잿더미가 될까 봐 초조할 수밖에 없다. 진정한 삶의 행복은 소유에서 오는 것이 아니라 '내가 어떤 존재로 사느냐'에서 온다. 부유함 자체가 행복을 보장해 주지 않음을 알아야 한다.

돈으로 살 수 없는 것, 그러나 우리에게 반드시 필요한 삶의 조건은 하나님께서 값없이 주겠다고 약속하신다. 이것이 은혜다. 돈이 주는 거짓된 약속을 믿지 않고 하나님께서 주시는 신실한 약속을 믿는 사람에게는 하늘 문을 열고 하나님 나라에 속한 신령한 것들로 가득 채워 주실 것이다.

2. 예수 믿으면 부자 된다?

● 마 6:33

그런즉 너희는 먼저 그의 나라와 그의 의를 구하라 그리하면 이 모든 것을 너희에게 더하시리라.

일부 한국 교회 교인들은 믿음을 자신이 설정한 부와 성공, 행복을 쟁

취하기 위한 일종의 수단으로 생각한다. 예수만 믿고 열심히 구하기만 하면 자신이 원하는 것이 저절로 이루어지리라고 기대하는 것이다. 자신의 계획과 목표에 따라 하나님이 맞추어 주고 필요한 것을 주시기만 하면 된다는 신앙이다. 이것이 기복주의 신앙의 핵심이다. 즉 하나님께 다양한 축복을 구하는 그 자체가 문제라기보다는 그러한 축복 추구가 신앙생활의 궁극적인 목적이라는 점이 문제다.

올바른 믿음이란 내가 변하는 것이다. 예수님을 믿음으로 삶이 변화되고, 삶의 의미와 가치관이 변화되고, 삶의 내용이 변화되는 것이다. 하나님의 뜻과 계획이 내 뜻과 계획보다 항상 탁월함을 믿고 따르는 것이고, 하나님께 축복을 강요하는 것이 아니라 하나님께서 말씀하신 대로 '복 있는 사람'이 되고자 자신을 가꾸어 가는 것이다. 하나님께서는 이러한 올바른 신앙의 태도를 가진 사람에게 삶의 체질을 바꾸어 주시고, 삶의 의미와 내용이 변화되도록 이끌어 주신다. 무조건 축복해 주시는 것이 아니라 축복을 받아 누릴 만한 사람으로 먼저 변화시켜 주시는 것이다. 성경의 일관된 가르침은 부자가 되려 하지 말고 청지기답게 살라는 것이다. 예수님은 어떻게 하면 잘 먹고, 잘 입고, 잘 살 것인가를 염려하지 말고 그보다 먼저 하나님의 나라와 그 의를 구하라고 말씀하신다(마 6:31-33).

예수 믿는다고 무조건 부자 되는 것이 아닌 또 다른 이유는, 돈을 벌기 위해서는 우리에게도 책임이 따르기 때문이다. 즉 재물은 근본적으로는 하나님으로부터 주어지지만 그 과정에서 우리의 노력을 필요로 한다.

하나님께서는 성경의 여러 구절을 통해서 일하지 않는 자는 부유하게 살 자격이 없음을 말씀하셨다. 손을 게으르게 놀리는 자는 가난하게 되고 손이 부지런한 자는 부하게 되며(잠 10:4), 수고한 만큼 거두게 될 것이며(고후 9:6), 일하지 않으면서 하나님께 부자가 되게 해 달라는 것은 스스로를 속이고 하나님을 만홀히 여기는 태도이므로(갈 6:7) 일하기 싫으면 먹지도 말라(살후 3:10)고 경고하셨다.

또한 재물이 궁극적으로는 하나님께로부터 주어지지만 우리의 노력에 의해서도 얻을 수 있다고 말씀하신다. 따라서 하나님이 재물을 주시는 것만 바라면서 가만히 있을 것이 아니라 우리도 재물을 얻기 위해 열심히 노력해야 한다. 이 사실은 잠언에 자주 나타나고 있다. "게으른 자는 마음으로 원하여도 얻지 못하나 부지런한 자의 마음은 풍족함을 얻느니라"(잠 13:4). "네가 자기의 일에 능숙한 사람을 보았느냐 이러한 사람은 왕 앞에 설 것이요 천한 자 앞에 서지 아니하리라"(잠 22:29).

이처럼 재물은 정당한 노력의 대가로 주어지는 축복이다. 게을러서 아무것도 가지지 못하고 가정과 이웃에 고통을 주는 삶을 살아서는 안 된다. 예수님을 믿는 것은 구원을 얻기 위한 것이지 부자가 되기 위한 것이 아니다.

그리스도인은 반드시 부유한 생활을 해야 한다는 생각

참으로 하나님을 믿으면 축복이 보장되어 있고, 축복을 받는 사람이라면 물질의 축복이 따르지 않을 수 없다는 관점이다. 부는 하나님 손 안에 있으므로 그분의 축복 속에는 부가 마땅히 따른다는 기대다. 이들은 부는 곧 선이며 축복이고, 가난은 악이요 저주라고 생각한다. 하나님은 하나님을 믿는 자를 부요하게 해주신다는 견해다.

많은 그리스도인이 하나님에 대해서 아쉬움을 갖고 있는 점은, 하나님께서 왜 예수 믿는 사람들을 부자 되도록 해주지 않으시느냐는 것이다. 그렇게만 해주시면 굳이 전도하지 않아도 많은 사람이 교회로 찾아와서 좋고, 예수 믿는 사람들이 잘살아서 좋고, 하나님께서 분명히 살아 계시다는 증거가 되니까 하나님께도 좋지 않겠느냐고 하소연하기도 한다. 사실 사람들은 예수님을 믿으면서 은근히 만사형통을 기대하고 재물의 축복도 쏟아질 것을 기다린다. 하나님께서도 성경의 많은 구절을 통해서 하나님의 사람들에게 재물의 축복을 주겠다고 약속하셨기 때문에 예수 믿는 사람이 불신자보다 더 부자가 되어야 하는 것은 어쩌면 마땅할지도 모른다.

그러나 하나님께서는 우리의 기대와 생각을 뛰어넘는 분이시다. 우리는 재물의 복을 기대하지만 어떻게 하면 잘 먹고, 잘 입고, 잘살 것인가를 염려하지 말고 그보다 먼저 하나님의 나라와 그분의 의를 구하라고 말씀하신다(마 6:33). 재물의 복은 부수적인 것에 지나지 않기 때문에 거기에 온통 마음이 빼앗겨서 더 중요한 축복을 추구하지 않는 것에 대해 안타까워하신다. 그래서 하나님께서는 일부러 재물을 거두어 가심으로써 억지로라도 하나님의 나라와 의를 발견하도록 하시는 경우도 있다. 하나님께서는 재물의 복보다 더 좋은 복을 우리가 알고 누리기를 원하시기 때문이다.

성경은 부가 중요하기는 하지만 부를 의지하지 말라고 충고한다. 부귀는 영원하지 않다(잠 11:28, 27:24). 재물을 통한 행복은 불완전하고, 제한적인 행복이다. 그리스도인의 영원한 행복을 원하시는 하나님은 부귀만을 주시지 않는다. 하나님은 성도를 항상 귀하게 보시고 사랑하시므로, 더욱 훈련하기 위하여, 때로는 경계하기 위하여, 때로는 유혹으로부터 보호하기 위하여 가난을 주시기도 한다.

재물의 축복보다 더 좋은 축복은 삼위일체 하나님과 깊은 관계를 맺는 것이다. 하나님께서는 무엇보다 우리에게 이 축복이 얼마나 소중한지를 깨닫게 해주고 싶어하신다. 물질의 축복에만 연연하느라 더 좋은 축복을 누리지 못한다면 이야말로 불행한 일이다.

3. 가난해야 경건하다?

● 잠 30:8-9

나를 가난하게도 마옵시고 부하게도 마옵시고 오직 필요한 양식으로 나를 먹이시옵소서 혹 내가 배불러서 하나님을 모른다 여호와가 누구냐 할까 하오며 혹 내가 가난하여 도둑질하고 내 하나님의 이름을 욕되게 할까 두려워 함이니이다.

부와 재물을 세속적이고 더러운 것으로 보는 입장이다. 부귀영화를 누리면서 동시에 거룩한 생활, 성결한 생활이 불가능하다고 생각한다. 이웃을 자기 몸처럼 사랑하고 그들을 보살피는 생활이 어찌 부요할 수 있을까? 그리스도인은 돈(물질) 보기를 돌과 같이 하고 가난과 핍박은 그리스도인에게 주어지는 선물이라고 생각한다(딤전 6:9-10; 전 5:13; 마 19:23). 이들은 부요 속에는 신령한 축복이 없다고 본다. 이러한 사상의 대표적인 것이 금욕주의인데 이 사상은 부의 창출과 물질적 풍요 자체를 거부하고 극단적 빈곤의 삶을 추구한다. 이러한 배경에서 더욱 경건한 삶을 살기 위해 스스로 가난을 선택한 신앙의 선배가 많다. 그러나 금욕주의는 돈을 하나님의 자리로부터 당장 끌어내리는 데 효과적일 수 있지만 너무나 치명적인 부작용을 동반한다. 하나님이 의도하신 돈의 선한 면까지 파괴해 버리기 때문이다.

구약성경을 통해 우리가 쉽게 발견할 수 있는 것은, 하나님께서 주시는 복 중에 재물의 축복을 매우 중요하고 주요한 복으로 간주했다는 사실이다. 많은 신앙인이 당대에 상당한 부를 소유하고 있었다. 아브라함, 이삭, 야곱, 욥, 다윗은 상당히 부유했지만 그 부유함이 하나님과의 관계를 해치는 이유가 되지는 않았다.

위에 나타난 아굴의 기도를 통해 우리가 알 수 있는 점은, 하나님 없이도 잘살 수 있다고 생각할 정도로 부한 것도 좋지 않지만, 그렇다고 가난한 것도 좋지 않다는 사실이다. 가난하면 생존을 위해 불법을 행함으로써 하나님의 이름을 욕되게 할 가능성이 있기 때문이다. 부유함이 하나님과의 관계에 문제를 발생시킬 가능성이 있는 것처럼 가난함도 마찬가지다. 이로 보건대 성경은 가난을 추구하지 않는다. 사실 부족과 결핍 자체는 좋은 것이 아니다. 건강이 부족하면 병이요, 물이 부족하면 목마름이요, 음식이 부족하면 굶주림이요, 영적으로 부족하면 영적 혼돈 상태에 빠지기 때문이다. 하나님은 모든 면에서 우리의 부족을 채워 주고 풍성하게 해주기를 원하신다.

그리스도인도 사회생활을 하는 한 물질이 필요하며 합당한 경제생활을 영위할 권리와 의무가 있다. 이러한 가운데 그리스도인에게 부유한 생활이 마땅할까, 가난한 생활이 마땅할까? 어느 쪽이 성경적일까? 불신자는 물론 그리스도인도 이러한 질문에 대해 의문을 가질 때가 있다. "예수를 믿는데 어찌 가난하게 살 수 있느냐?" 아니면 "예수 믿는 집안이 그처럼 호화롭게 살아서 되겠느냐?"는 엇갈린 관점이 극과 극을 달린다.

그리스도인은 부자일 수도 있고 가난할 수도 있다. 부자 되기에 애쓰지 말라고 하셨지 부자가 되지 말라고 한 기록은 한 곳도 없다. 부냐 빈곤이냐보다 마음의 중심이 어디에 향하고 있느냐가 중요하다. 이 땅에서의 부나 빈곤은 잠시 후면 사라질 것이기 때문이다. 빈곤도 부만큼 편리함이 있고(잠 13:8), 부도 빈곤만큼 불편함과 위험성이 있다(렘 9:23; 시 73:11). 부를 무조건 멀리하고 가난을 미덕으로 보는 생각도, 부만을 추구하고 가난을 원망, 배척하는 태도도 그리스도인에게는 모두 바람직하지 않다.

성경적 재물관은 청빈주의라기보다는 '청부주의'에 더 가깝다. 청부주의란, '정직하게 열심히 일하고 많이 벌어서 하나님의 뜻에 합당하게 재물을 사용하는 청지기가 되는 것'이라 할 수 있다. 즉 청부주의자가 되려면 (1)정직하게 벌어야 하고, (2)열심히 일해야 하며, (3)벌어들인 돈을 하나님의 뜻에 합당하게 사용해야 한다. 이는 곧 청부주의자가 되려면 청지기 의식이 있어야 함을 의미한다.

4. 돈은 악의 뿌리다?

● 딤전 6:10

돈을 사랑함이 일만 악의 뿌리가 되나니 이것을 탐내는 자들은 미혹을 받아 믿음에서 떠나 많은 근심으로써 자기를 찔렀도다.

크리스천 가운데는 '돈을 우상시하지 말라'는 하나님 말씀을 극단적으로 생각한 나머지 돈 자체를 악의 뿌리로서 죄악시하는 경향이 있다. 물론 인간이 가지고 있는 죄성과 탐욕은 물질의 풍요로 인해 더욱 타락할 수도 있다.

그러나 위 성경 구절을 보면 '돈을 사랑하는 것'을 일만 악의 뿌리라고 했을 뿐 돈 자체가 악의 뿌리라는 뜻은 아니다. 돈에 대한 잘못된 태도가 악의 근원이 된다. 돈을 지나치게 좇다가 인생에 실패하는 것에 대한 경고이지 돈 자체를 악하게 여기라는 말씀이 아니다. 돈의 이중성을 잘 이해하여 돈을 악의 권세에서 해방시킴으로써 그 돈으로 내 삶을 풍요하게 하며 하나님 나라를 확장하는 도구로 만드는 것은 나의 자세에 달려 있다.

돈이 혐오의 대상이거나 무관심의 대상이 되어서는 안 된다. 돈에 관심을 가질 줄도 알아야 한다. 돈 그 자체가 우리의 목표가 되어서는 안 되지만 돈을 적극 활용할 줄 아는 자가 크고 작은 일들을 해낼 수 있다. 구제와 선교를 하려고 해도 물질적인 지원이 필요하다. 제3국에서 어렵게 선교하고 있는 수많은 선교사들은 오늘도 재정적으로 후원해 줄 크리스천들을 기다리고 있다.

부 자체는 나쁜 것이 아니다. 예수님은 특권층에 속한 부자들과도 식사를 하셨고(눅 11:37), 호화스러운 혼인 잔치에도 참석하셨다(요 2:1). 또 요셉과 니고데모는 그들의 재물을 예수님을 섬기는 데 사용했다(마 27:57-61; 요 19:38-42). 부유한 여자들도 예수님의 제자들을 섬기는 일에 재물을 사용했다(눅 8:2-3).

예수님은 세리들에게 수입 좋은 직업을 그만두라고 명하지 않으셨으며 가난을 정죄하지도 않으셨다. 잘못은 재물에 애착을 가지고 재물을 불의하게 축적하거나 그것을 잘못 사용하는 데 있다. 예수님의 제자는 부에 지나친 애착을 갖는 태도와 부 자체를 잘못된 것으로 생각하는 태도를 모두 경계해야 한다.

02... 돈 버는 목적

시대와 나라를 막론하고 사람들의 최대 관심사는 "어떻게 하면 더 많은 돈을 벌 수 있는가"다. 더 많은 돈을 벌기 위해 많은 사람이 오늘도 최선의 노력을 다하고 있다. 온갖 비리와 사기를 저지르면서도 "다들 그렇게 한다"는 식으로 자신의 행위를 합리화하는 사람도 많고, 일확천금의 허황된 꿈을 좇아 도박장이나 복권 판매소를 전전하는 사람도 적지 않은 세상이다.

한편 더 많은 돈을 벌기 위해 밤낮 없이 뼈 빠지게 일하다가 건강을 잃어버리거나, 과로사를 당하는 일도 늘어나고 있다. 돈 벌어서 갖다 주는 일을 가족을 위한 최고의 선물로 착각하다가 돈보다 더 중요한 가족 간의 관계가 깨어지는 일도 흔하다. 물론 돈을 많이 버는 것 자체가 나쁜 것은 아니다. 그런데도 왜 돈 버는 일과 관련해서 이런 부작용이 끊임없이 나타나는 것일까? 돈 벌기에 대한 올바른 목적과 원칙이 없기 때문이다.

목적과 원칙이 올바르고도 분명하게 서야만 돈 버는 일을 가장 즐겁고도 풍요롭게 해낼 수 있다. 이를 위해 가장 먼저 "왜 돈을 많이 벌어야 하는가?"에 대한 질문과 답을 찾아보도록 하자. 이에 대한 답을 발견하게 되면 돈 벌기에 대한 원칙이 자연스럽게 세워진다. 그렇게 세워진 목적과 원칙 속에서 "어떻게 하면 많은 돈을 벌 수 있는가?"라는 질문을 던지면 비로소 건강한 방법론이 나올 수 있기 때문이다.

우리는 왜 돈을 벌어야 하는 걸까? 신실한 청지기가 돈을 버는 목적은 무엇일까? 이것을 알기 위해 사람들이 돈을 벌려는 일반적인 이유부터 살펴보도록 하자.

1. 풍부하고 윤택한 삶을 영위하기 위해서

● 신 12:7

거기 곧 너희의 하나님 여호와 앞에서 먹고 너희의 하나님 여호와께서 너희의 손으로 수고한 일에 복 주심으로 말미암아 너희와 너희의 가족이 즐거워할지니라.

하나님은 우리가 가정을 이루어 가족들과 먹고 마시며 즐거운 삶을 살기를 원하신다. 그런데 자본주의라는 제도 안에서 살고 있는 한 돈이 있어야 안정된 삶을 유지할 수 있다. 그래서 오늘날 많은 사람이 경제적으로 풍부하고 윤택한 삶을 영위하기 위하여 열심히 돈을 벌고 있다. 물론 돈이 많으면 비싸고 넓은 집, 멋진 자동차, 명품 옷과 장신구, 여유로운 여가생활 등 하고 싶고 즐기고 싶은 일을 마음껏 할 수 있다. 그러나 그리스도인이 돈을 버는 이유는 단지 잘 먹고 잘살기 위해서가 아니다. 그것은 매우 기본적인 목표이긴 하지만 우리가 추구해야 할 최상의 목표는 아니다.

2. 욕심을 채우기 위해

● 약 1:15

욕심이 잉태한즉 죄를 낳고 죄가 장성한즉 사망을 낳느니라.

인간은 소유욕이라는 본성이 있다. 돈을 더 많이 벌어 쌓아 두고 싶은 것 역시 소유욕의 산물이다. 그런데 이 본성이 지나치면 욕심이나 탐욕으로 나타난다. 욕심이란 '이미 충분한데도 계속해서 더 갖고 싶어 하는 마음의 상태' 다. 그래서 그리고 욕심이 크면 클수록 느끼게 되는 부족감은 더욱 커진다.

위의 본문은 욕심에 대해서 아주 강력하게 경고한다. 사람의 행동은 "어떤 마음을 품고 있느냐"에 따라 결정된다. 욕심을 해결하지 않은 채 계속해서 마음에 품고 있으면 욕심에 따라 행동하게 되는데, 이러한 행동이 죄로 연결되는 경우가 많다. 이처럼 욕심은 죄를 짓게 만드는 힘이 있다. 그 결과는 사망이다. 사망이란 모든 것을 잃은 상태를 의미한다. 더 많은 것을 갖고 싶은 욕심이 커지다 보면 오히려 모든 것을 잃게 된다는 사실이다.

욕심을 채울 수 없다면 방법은 단 한 가지다. 바로 욕심을 버리는 것이다. 그렇다면 어떻게 해야 욕심을 버릴 수 있을까? 무엇보다 자신의 가치관을 바꾸어야 한다. 욕심은 가치관과 직접 연결되어 있다. 즉 재물에 가장 큰 가치를 부여하면 재물에 대한 욕심을 갖게 된다. 그러나 돈보다 하나님과 그 나라에 대해 더 큰 가치를 발견하게 되면 얼마든지 돈에 대한 욕심을 조절할 수 있다.

예수님의 많은 비유 가운데 마태복음 13장 44-46절에 기록된 '밭에 감춘 보화' 비유와 '값진 진주' 비유에서 밭에 감춘 보화를 발견한 사람과 좋은 진주를 발견한 사람이 자신의 소유를 미련 없이 팔 수 있었던 이유는 더 큰 가치를 발견했기 때문이다. 사도 바울도 전에 가졌던 모든 유익했던 것을 배설물처럼 미련 없이 포기할 수 있었던 이유는 예수 그리스도를 아는 지식이 그보다 훨씬 가치 있음을 발견했기 때문이다. 이처럼 하나님 나라와 그 의가 돈보다 훨씬 가치 있다는 진리를 깨닫게 되면 돈에 대한 욕심을 버리게 되고 하나님과 그 나라를 향한 열정이 커지게 된다.

3. 사람들로부터 인정받기 위해

● 갈 1:10

이제 내가 사람들에게 좋게 하랴 하나님께 좋게 하랴 사람들에게 기쁨을 구하랴.

돈을 많이 벌고 싶어하는 이유 중에 하나는 남들에게 인정받고 싶은 마음 때문이다. 그들은 남에게 인정받기 위한 가장 효과적인 방법이 재산을 많이 소유하는 것이라 생각한다. 물론 크리스천은 가능한 한 세상의 많은 사람에게 인정받을 수 있어야 한다. 그러나 위의 본문은 사람들보다는 하나님 앞에서 인정받기를 구하라고 말한다.

그렇다면 정말 부자가 되면 사람들에게 인정받을 수 있을까? 부자가 되면 관심과 부러움, 또는 질투의 대상이 될 수는 있지만 돈이 많다는 이유만으로는 결코 사람들의 인정을 받을 수 없다. 오히려 부자들은 또 다른 부자들의 경계, 가난한 사람들의 질투와 선입견, 자신에게 돈을 써 주기를 원하는 주변 사람의 요구 등으로 인해 오히려 사람들에게 시달리는 수가 많다.

다른 사람에게 인정받는 것은 매우 중요하다. 특히 그리스도인은 가능한 한 세상의 많은 사람에게 인정받을 수 있어야 한다. 그러나 사람들의 인정을 받으려 노력하되 '복음과 하나님 나라를 위해' 인정을 받아야 한다.

반면, 하나님께 인정받기 위해 노력하는 사람은 사람들의 시선으로부터 자유로워지게 된다. 그로 인해 사람에게 얽매이지 않게 되므로 오히려 사람을 진실하게 사랑할 수 있다. 그러면 결국 사람에게도 인정받는 사람이 될 수 있다. 이처럼 사람에게 인정받으려고만 하면 하나님의 인정을 받지 못하게 되지만, 하나님께 인정받으려 하면 하나님께도 인정받게 될 뿐만 아니라 사람들의 인정도 받게 된다.

하나님께 인정받기를 원하는 청지기라면 이 사실을 기억하라. 하나님께서는 결코 이 땅에 재물을 얼마나 축적했느냐로 사람을 평가하지 않으신다. 하나님은 마음의 중심을 보신다.

4. 돈을 사랑하여 재물을 축적하는 기쁨을 누리기 위해

● 딤전 6:10

돈을 사랑함이 일만 악의 뿌리가 되나니 이것을 탐내는 자들은 미혹을 받아 믿음에서 떠나 많은 근심으로써 자기를 찔렀도다.

돈 자체를 사랑하여 무조건 돈을 모으는 것을 목적으로 삼는 경우다. 이들은 늘 자신의 돈과 재산이 얼마나 늘었는지 셈하는 것을 큰 기쁨으로 여긴다. 이런 사람은 돈 자체를 사랑하며, 그만큼 돈과 재산이 줄어드는 것을 가장 힘들어한다. 그렇기 때문에 많은 돈이 있어도 아까워서 즐겁게 쓰지 못한다. 그래서 늘 돈이 있어도 궁색하게 살며 자신에게나 타인에게나 몹시 인색하다. 결국 형식적인 인간관계만 남을 뿐 마음을 나눌 수 있는 관계는 모두 끊겨 버리게 된다. 지나친 돈 사랑을 경계해야 한다. 위의 본문은 지나친 '돈 사랑'이 모든 악의 원인과 뿌리가 될 수 있음을 경고하고 있다.

5. 자녀에게 더 많이 남겨 주기 위해

● 잠 13:22

선인은 그 산업을 자자손손에게 끼쳐도 죄인의 재물은 의인을 위하여 쌓이느니라.

자녀에게 유산을 남겨 주는 것 자체가 나쁜 것은 아니다. 위 본문은 선한 사람은 자녀들에게 유산을 남긴다고 말한다. 그 유산이 자녀들이 경제적으로 자립하는 데 큰 보탬이 될 수 있기 때문이다.

우리나라에서 1970년대 이전의 배고팠던 시절을 경험한 세대는 심한 가난 속에서 어린 시절을 보냈던 까닭에 가난에 대한 일종의 상처를 안고 있다. 그래서 사랑하는 자녀들만큼은 절대로 가난해서는 안 되며, 남들에게 주눅 들지 않고 떵떵거리며 살게 해주어야 한다는 강박관념이 있다. 이들은 가난은 곧 불행이라고 생각하기에 재산을 물려주지 않으면 자식들이 불행하게 될 것이라는 불안감도 있다.

물론 그런 의도 자체가 나쁜 것은 아니다. 하지만 자녀들이 행복하게 살도록 하기 위해 모아 놓은 많은 유산이 오히려 자녀들을 불행하게 만들 수 있음을 알아야 한다. 왜냐하면 유산은 자녀 입장에서 봤을 때는 쉽게 얻은 재산이기 때문이다. 쉽게 얻은 재산은 대부분 쉽게 사라져 버린다. 통계적으로도 많은 유산을 받은 자녀일수록 오히려 파산 가능성이 높다. 게다가 많은 유산을 받을 정도로 부유한 가정에서 자란 자녀는 위기관리 능력을 배울 기회가 없었기 때문에 경제적 어려움을 당할 때 스스로 극복할 힘이 약할 수밖에 없다.

자녀에게 물려주어야 할 가장 소중한 유산은 돈이 아니라 하나님을 향한 순전한 믿음이다. 하나님을 생사화복의 주관자라고 믿는가? 그렇다면 자녀의 행복도 하나님 손에 달려 있음을 믿으라. 자녀에게도 그 하나님을 향한 믿음을 전수하라.

6. 장래와 노후를 미리 준비하기 위해

● 잠 21:20

지혜 있는 자의 집에는 귀한 보배와 기름이 있으나 미련한 자는 이것을 다 삼켜 버리느니라.

장래를 위한 노후 대책이나 재정 계획을 세우는 것은 하나님께서 청지기에게 맡겨 주신 마땅한 책임이다. 그러나 균형을 이루어야 한다. 노후 준비를 위한 돈 모으기에만 전념하다 보면 아무리 많은 돈을 준비해도 충분하게 느껴지지 않아 그 액수를 자꾸만 늘려만 가게 되는 것이다. 자신의 안전과 장래를 전적으로 재물에게 의지하는 것은 하나님을 향한 불신앙의 모습이다. 노후를 대비해 열심히 준비하는 것은 좋지만 내 인생의 불행과 노후를 궁극적으로 인도하고 책임져 주실 분은 하나님임을 믿어야 할 것이다.

7. 하늘 나라에 쌓아 두기 위해

● 마 6:20

오직 너희를 위하여 보물을 하늘에 쌓아 두라 거기는 좀이나 동록이 해하지 못하며 도둑이 구멍을 뚫지도 못하고 도둑질도 못하느니라.

지금까지는 돈을 많이 벌고 싶어하는 여러 가지의 동기와 목적에 대해 다루었다. 이러한 동기와 목적은 물론 누구나 가질 수 있는 당연한 것이다. 그러나 크리스천은 이러한 동기와 목적보다 더 크고 궁극적인 동기와 목적을 세우는 것이 중요하다.
예수님은 "오직 너희를 위하여 보물을 하늘에 쌓아 두라"고 말씀하신다. 즉 돈을 버는 참된 목적을 하나님 나라에 사용하는 데 두라는 뜻이다. 하나님 나라에 내 재산을 쌓으면 영원한 상급으로 남게 된다. 그러므로 신실한 청지기는 하나님의 선하신 뜻을 이루고자 하는 열망을 품고 가능한 한 열심히 돈을 벌어야 한다. 돈은 죽어서 천국에 가지고 갈 수 없지만 살아 있을 때 미리 천국에 보낼 수는 있다.

청지기의 중요한 책무는 가능한 한 거룩한 돈을 많이 창출해 내는 것이다. 거룩하신 하나님의 뜻대로 사용될 거룩한 돈을 많이 벌어들이는 것이다. 하나님의 영광을 위해 돈을 벌겠다는 목적을 가진 사람을 하나님은 방관하지 않으시고 그 앞길을 인도해 주실 것이다. 그리스도인이 돈을 많이 벌어야 할 가장 궁극적인 이유는 무엇보다도 하나님의 영광을 위한 것이다.

천국에 투자하라

우리는 조금 있으면 천국으로 이민 갈 사람들이다. 문제는 천국으로 이민을 갈 때 맨 몸으로 가야 한다는 것이다. 그때 천국 은행에 미리 투자를 해 놓은 사람은 "아멘" 하며 가겠지만 아무것도 미리 보내지 못한 사람은 두려움으로 이 땅을 떠나야 할 것이다. 왜냐하면 성경은 우리가 천국에 이른 후에 행위에 따른 심판, 그리고 각각 받을 신령한 상급에 대해서 말하고 있기 때문이다. "이는 우리가 다 반드시 그리스도의 심판대 앞에 나타나게 되어 각각 선악 간에 그 몸으로 행한 것을 따라 받으려 함이라"(고후 5:10).

누가 잘사는 사람일까? 천국에서 하나님으로부터 받을 신령한 상급을 오늘 준비하는 사람이다. 누가 지혜로운 사람일까? 재물을 죽어서는 못 가지고 가지만 살아 있을 때 미리 천국으로 보내는 사람이다. "하늘에 쌓아 두라"는 성령의 음성을 들을 때마다 주저 않고 순종하는 사람을 하나님은 기뻐하신다.

하나님께 바치는 헌금, 하나님 일을 하는 단체 돕기, 하나님 사업 돕기,

선교사 보내기, 구제, 가난한 성도와 불우 이웃 돕기 등 이 모든 것이 하늘에 미리 보내는 행위다. 우리는 그리스도의 군사다. 이 땅에서 물질을 가지고 열심히 하늘에 쌓아 둘 때 하나님은 계속해서 보급을 늘려 주실 것이다.

한 인생의 성공과 실패를 가름하는 한 가지 기준은 그가 무엇을 가졌는가 하는 것일 수 있다. 그것은 재산일 수도 있고, 명예나 학식, 권력일 수도 있다. 그러나 진정한 기준은 그가 인간에게, 이웃에게, 사회에, 인류에 무엇을 기여했느냐에 따라 정해진다. 슈바이처가 위대한 것은 그의 의술 때문이 아니라 이웃을 향한 그의 헌신 때문이다.

돈은 땅에만 쌓아 두기 위하여 버는 것이 아니다. 하늘에도 쌓아 두기 위하여 버는 것이다. 그리고 돈은 땅에 쌓아 둘 때가 아니라 하늘에 쌓아 둘 때 가치가 있고 의미가 있다. 안정되고 이익이 많이 남는 투자야말로 좋은 투자다.

투자에 성공하기를 원하는가? 천국을 믿는가? 만약 그렇다면 머지않아 반드시 가야 할 곳, 내가 영원히 머물러야 할 그곳, 바로 천국에 투자를 많이 하라.

03... 형통한 청지기가 되는 비결

샤머니즘의 특징은 본인 자신은 전혀 변하지 않고 단지 초월적인 절대자에게 치성이나 정성을 드려 목적을 달성하려고 한다는 것이다. 예를 들어 과거 우리의 조상은 서낭당에 정화수 한 그릇 떠 놓고 백일기도 등을 하며 자신의 소원을 이루려고 했다. 이 방법의 특징은 나는 변하지 아니하고 상대방을 감동시켜서 복을 받거나 문제 해결을 하려는 것이다. 이에 비해 기독교 신앙의 축복 개념은 전혀 다르다. 기독교의 하나님은 인간의 인격적 변화를 요구한다. 물론 하나님의 일방적인 축복도 있겠지만 한편으로는 "형통한 자"를 만들어 가시며 형통의 삶을 누리게 하신다.

성경은 요셉을 "형통한 자"라고 말한다(창 39:2-3). 가나안의 작은 부족 출신으로서, 그것도 노예로 팔려온 사람이 당시 최강대국인 이집트의 국무총리까지 되었다. 한마디로 그는 인생 역전의 삶을 살았다. 그의 생애를 살펴보면 그는 서른이 되기 전까지 고난으로 점철된 인생이었다고 해도 과언이 아니다. 서른이 될 때까지 형제들로부터 철저하게 버림받고 남의 집 종살이를 하며 억울하게 감옥살이까지 한 사람이 요셉이었다. 그는 어린 나이에 생존의 위협을 느끼며 외로움과 고독 속에 살아야 했다.

그런 그가 어떻게 형통한 자가 될 수 있었을까? 그것은 저절로 된 것이 아니라 고난 속에서 끊임없이 자신의 실력을 갈고 닦았기 때문이다. 고난 속에서 닦은 세 가지 실력, 그것이 요셉의 성공 비결이었다.

1. 믿음의 실력

● 창 39:2-3

여호와께서 요셉과 함께하시므로 그가 형통한 자가 되어 그의 주인 애굽 사람의 집에 있으니 그의 주인이 여호와께서 그와 함께하심을 보며 또 여호와께서 그의 범사에 형통하게 하심을 보았더라.

가. 요셉의 형통의 비결은 하나님이 함께하시는 임재라고 본문은 말한다. 요셉은 자신의 인생의 크고 작은 일을 늘 하나님과 연관짓고 하나님의 섭리로 모든 것을 해석했다. 심지어 형들에 의해 애굽에 팔려 간 것도 자기의 가족과 민족을 구하기 위한 하나님의 섭리로 이해한다. 노예로 팔린 후 그는 주인 보디발의 아내가 유혹을 하는 긴박한 상황에서도 겉옷을 버리고 도망가는 경건의 훈련을 쌓았던

사람이다. 이러한 요셉을 하나님이 축복하셔서 형통의 열매를 맺게 하셨다. 그의 성공 속에는 자신을 늘 붙잡고 인도하시는 하나님에 대한 믿음의 열매가 담겨 있는 것이다.

나. 우리가 하나님 중심으로 살아갈 때 하나님께서는 가장 좋은 것을 가장 좋은 때에 허락해 주신다. 축복은 내 지혜와 경험에서 나오는 것이 아니라 하나님의 손 안에서 나오는 것이다. 하나님의 플러스 알파를 믿어야 한다. 이는 마치 땅 위에 있는 1톤짜리 배는 장정 10명이 달라붙어도 움직일 수가 없지만 밀물이 밀려와서 배가 물 위에 뜨면 어린아이가 밀어도 배가 쉽게 움직이는 것과 같다. 농부가 아무리 부지런하게 수고를 한다 해도 햇빛이 비추고 적당히 비가 와야 수확을 얻을 수 있는 것이다.

최선을 다하여 열심히 일하는 삶의 태도는 그리스도인이 복을 얻는 데 매우 중요하다. 그러나 수고한 대로 복을 받을 수 있는 것도 하나님의 도우심이 아니면 불가능하다. 성경은 "네 하나님 여호와를 기억하라. 그가 네게 재물 얻을 능력을 주셨음이라"(신 8:18)고 말한다. 하나님은 누구든지 가난하게도 할 수 있고 부유하게 할 수도 있으며, 높이기도 하고 낮추기도 하는 주권자시다(삼상 2:7-8). 아무리 열심히 일한다 하더라도 하나님께서 축복하지 않으시면 결코 부자가 될 수 없다.

그러므로 우리는 열심히 일하면서 동시에 하나님을 전심으로 의지해야 한다. 선하고 의로우신 하나님의 마음에 드는 사람에게 하나님께서는 아낌없는 축복을 부어 주실 것이다. 솔로몬이 어떻게 지혜와 더불어 엄청난 부와 명예를 누릴 수 있었는지 기억하자(왕상 3:3-15). 그는 부유함을 하나님께 구하지 않았다. 하나님께서 맡겨 주신 백성을 잘 다스리기를 바라는 순수한 사명감으로 지혜를 구했다. 이는 "먼저 그의 나라와 그의 의를 구"한 것이라 할 수 있다. 이러한 솔로몬의 충성스러운 마음이 하나님의 마음을 흡족하게 했다. 그로 인해 하나님께서는 솔로몬을 역사적으로 가장 뛰어난 지혜의 왕이 되게 하셨으며, 더불어 "이 모든 것"을 더하여 아낌없이 쏟아 부어 주셨다.

참고

● 히 11:6

믿음이 없이는 하나님을 기쁘시게 하지 못하나니 하나님께 나아가는 자는 반드시 그가 계신 것과 또한 그가 자기를 찾는 자들에게 상 주시는 이심을 믿어야 할지니라.

가. 하나님을 믿고 신뢰함으로써 하나님을 기쁘시게 해 드려야 한다. 하나님께서는 누구에게나 축복해 주고 싶어하신다. 다만 하나님께서는 하나님을 신뢰하는 사람에게 복 주기를 기뻐하신다.

나. 믿음의 실력은 성공을 위한 방법론이 아니다. 기술이 아니다. 믿음은 하나님과의 관계다. 하나님을 향한 믿음과 하나님과의 관계는 정비례한다. 사람끼리의 관계도 상대방을 얼마나 신뢰하느냐에 따라 달라지는 것처럼 하나님과의 관계도 우리가 하나님을 얼마나 신뢰하느냐에 달려 있다. 하나님께서는 언제나 우리와의 깊은 관계를 원하신다. 그렇기 때문에 하나님께서는 우리의 믿음을 그토록 기뻐하시는 것이다.

● 잠 3:5-6

너는 마음을 다하여 여호와를 신뢰하고 네 명철을 의지하지 말라 너는 범사에 그를 인정하라 그리하면 네 길을 지도하시리라.

자신의 지혜를 믿지 말고 하나님의 지혜와 인도하심을 구해야 한다. 그러면 하나님께서 우둔한 마음에 세상의 지혜를 주시고 형통의 길로 인도해 주실 것이다.

2. 기능적 실력

● 창 39:4

요셉이 그의 주인에게 은혜를 입어 섬기매 그가 요셉을 가정 총무로 삼고 자기의 소유를 다 그의 손에 위탁하니.

가. 요셉은 가나안에서 애굽으로 팔려 오면서 시위대장 보디발의 집으로 들어갔다. 그리고 주인 보디발은 요셉을 자신의 집의 제 가정 총무(제2인자)로 삼고 모든 소유물을 요셉에게 위임했다. 여기서 요셉이 노예의 신분으로 그 집의 가정 총무가 된 것은 우연이 아니라 그가 맡은 일을 지혜롭게 잘 처리하는 실력이 뛰어났기 때문이다. 다른 종들이 잠자고 있을 때에도 그는 애굽의 문화와 언어를 익혔을 것이다. 이러한 그의 모습을 인정한 보디발은 요셉을 자신의 모든 일을 대신 관리하는 책임자로 임명했다. 그는 감옥에 갇혀 있을 때에도 같은 죄수이면서도 모든 죄수를 관장하는 역할을 맡게 되었고 제반 업무를 탁월하게 수행했다. 그리고 감옥 생활을 자신의 발전과 성장의 기회로 삼았다. 즉 왕의 죄수들을 섬기면서 애굽의 정치 세계를 배울 수 있는 기회로 삼았던 것이다. 나중에 애굽의 국무총리가 된 후에도 이집트에 닥치게 될 위기를 극복할 수 있는 뛰어난 계획을 바로에게 제시함으로써 나라를 기근에서 구하는 탁월한 지도력을 보여 준다. 그는 기능적인 실력이 뛰어난 사람이었다.

나. 우리가 살아가는 이 세상은 점점 세분화되고 전문화되어 간다. 그러므로 아무리 믿음이 좋고 인격이 뛰어나도 기능적 실력이 없으면 사회적인 영향을 끼치지 못하므로 부유한 삶을 살기가 어렵다.

우리는 평생 학습자로 살아야 한다. 직장이나 사회인이나 주부나 누구든지 주어진 환경 속에서 자신의 전문성을 기르며 준비하는 사람에게 하나님께서는 하나님의 때에 맞추어 형통의 길을 열어 주실 것이다.

다. 성경에서도 요셉, 모세, 다윗, 에스라, 느헤미야, 바울 등 하나님께서 불러서 사용하셨던 사람 중에는 기능적 실력자가 많았음을 보여 준다.

* 모세 - 히브리인이면서도 이집트의 왕자였기 때문에 무예와 학문과 지도력을 연마할 수 있었다. 모세는 뛰어난 학식이 있었기 때문에 매우 복잡하고 정교한 하나님의 율법을 집대성할 수 있었으며, 뛰어난 리더십이 있었기 때문에 척박한 광야에서 수많은 이스라엘 백성을 이끌 수 있었다.
* 다윗 - 양치기 목동 출신인 다윗은 맹수의 공격으로부터 양을 지키기 위해서 틈만 나면 물맷돌을 강하고 정확하게 던질 수 있는 훈련을 했을 것이다. 하나님께서는 다윗의 그 물맷돌 실력을 통해 이스라엘을 블레셋의 손에서 구원하셨으며, 다윗이 왕이 되는 지름길을 열어 놓으셨다.
* 바울 - 하나님은 가말리엘 문하에서 최고의 학문을 닦은 바울의 지성을 사용하셔서 이방을 위한 복음 전도를 하게 하시고, 또한 신약성경의 많은 부분을 집필하게 하셨다.

라. 평생을 학습하는 자세로 살아가는 사람은 진정한 실력자다. 사람은 누구나 음악이든 미술이든 운동이든 기술이든 자기 분야에서 전문성을 길러야 한다. 어떤 분야가 되었든지 미래를 위해 자신이 가장 잘할 수 있는 분야를 끊임없이 학습하는 사람은 결국 성공하게 되어 있다.

고용주나 최고 경영인의 자리에 이른 사람도 마찬가지다. 만약 누군가가 전문적인 실력 없이 최고 자리에 이른다면 그것만큼 그 집단과 직원들을 불행하게 만드는 일은 없을 것이다. 직책이 높을수록 전문적 안목과 실력을 갖추어야 한다. 만약 그가 전문적인 실력은 없는데 마음만 좋다면 그것이야말로 최악의 리더십 조건을 갖추었다고 하겠다. 전문인일수록 계속적인 학습을 해야 한다. 그래야 가장 좋은 조건의 최고의 서비스를 고객에게 제공할 수 있다.

평생 학습자로 산다는 것은 비단 책을 통한 공부만을 의미하지 않는다. 전문가를 찾아 배움을 청하는 데도 주저함이 없어야 한다는 뜻이다. 기도와 함께 전문성을 기르며 준비하는 사람에게 하나님께서는 하나님의 때에 풍성함으로 복을 내려 주신다.

3. 인격의 실력

● 창 45:5

당신들이 나를 이곳에 팔았다고 해서 근심하지 마소서 한탄하지 마소서. 하나님이 생명을 구원하시려고 나를 당신들보다 먼저 보내셨나이다.

가. 요셉이 애굽의 국무총리가 된 후 오랜 세월이 지난 후 자신을 노예로 팔아넘긴 형들을 만나게 되었는데 요셉은 자신을 두려워하는 형들을 도리어 위로했다. 우리는 위의 구절을 통해 우리는 요셉이

자기를 노예로 팔아넘긴 형들에 대한 분노와 원한을 용서와 사랑으로 바꿀 줄 하는 인격의 사람이 되었음을 알 수 있다. 그는 지난날의 상처에 집착하지 않았고 자신의 분노, 좌절, 외로움을 극복했다. 그는 어떠한 환경 속에서도 늘 현실에 잘 적응했고, 심지어 감옥에 갇혀 있는 환경에서도 남을 배려할 줄 아는 인격을 가졌다. 무엇보다도 그는 남을 섬길 줄 아는 겸손의 사람이었다.

그러나 요셉이 처음부터 인격의 실력을 갖춘 사람은 아니었다. 아버지 야곱의 편애 속에서 자라며 형제들의 과실을 아버지에게 고자질도 하는 성격이었다. 자기가 꾼 꿈을 형들에게 자랑하다가 결국은 미움을 받아 애굽에까지 팔려 갔다. 그후 그는 숱한 고난 속에서 하나님을 의지하는 법을 배웠고, 그 가운데 인격의 사람으로 변화되어 갔다. 즉 형들에 의해 애굽 상인에게 팔리고 종살이를 하는 등 캄캄한 상황의 연속에서 오히려 긍정적이고 적극적인 삶을 살아가는 태도를 배웠다.

그는 맡은 일에 최선을 다하는 성실한 사람으로, 노예 생활에서도 늘 남을 돕는 사람으로, 권력 지향적이 아니라 봉사 지향적인 사람으로, 상대방의 실수를 용서하는 사람으로, 즉 인격의 실력이 날이 갈수록 더해 갔던 것이다.

"요셉이 그 주인의 집에 자기와 함께 갇힌 바로의 신하들에게 묻되 어찌하여 오늘 당신들의 얼굴에 근심의 빛이 있나이까 그들이 그에게 이르되 우리가 꿈을 꾸었으나 이를 해석할 자가 없도다 요셉이 그들에게 이르되 해석은 하나님께 있지 아니하니이까 청하건대 내게 이르소서"(창 40:7-8).

술 맡은 관원장의 근심하는 얼굴을 보고 마치 자기 일인 양 "어찌하여 근심의 빛이 있습니까?" 하고 관심을 기울인다. 보디발의 아내에게 모함을 받아 억울하게 감옥에 갇힌 상황에서도 그는 친절하고 부드러운 말로 바로의 관원장을 위로해 준다. 여기서 우리는 본인 자신도 힘든 상황에서도 이웃을 염려해 주고 고민을 함께 나누는 요셉의 성숙한 인격을 볼 수 있다.

나. 사회적 존재인 인간이 사회에서 성공하려면 인간관계에서 성공해야 한다. 모든 일은 '관계' 라는 네트워킹 구조 속에서 이루어지기 때문이다. 신앙생활도 열심히 하고 기능적 실력도 출중하지만 인격적 실력이 부족할 경우 사업이나 직장에서 성공하기 어렵다. 인간관계가 매끄럽지 않은 사람과 누가 함께 일하고 싶어하겠는가? 아무리 기능적 실력이 있어도 고립된 사람은 성공하기 어렵다. 또한 인격적 실력이 부족한 사람은 교만에 빠지기가 쉽다. 이런 사람 곁에는 결코 좋은 사람들이 가까이 갈 수 없다.
누구를 만나느냐에 따라 인생의 성패가 결정된다. 성공을 꿈꾸는 사람은 자신에 약점에 늘 관심을 가지며 인격의 실력을 쌓아 가는 사람이다. 이런 사람에게 하나님은 좋은 사람을 붙여 주실 것이다.

04 ●●● 돈을 버는 올바른 태도

1. 하나님과의 관계를 우선하라.

● 마 6:33

그런즉 너희는 먼저 그의 나라와 그의 의를 구하라 그리하면 이 모든 것을 너희에게 더하시리라.

우리 인생은 이 세상에 태어나면서부터 필연적으로 수많은 관계를 맺는다. 태어나면서부터 부모와의 관계를 갖게 되고, 성장하면서 혈연관계, 사회적 관계, 경제적 관계, 정치적 관계, 자연과의 관계 등 직접 · 간접으로 많은 관계를 맺으며 살아간다. 이러한 수많은 관계 속에서 가장 중요한 관계는 하나님과의 관계다.

어떤 사람은 평생 벌어야 되는 돈을 어떤 사람은 하루에도 벌 수 있는 이상한 나라가 자본주의다. 그리고 이런 환경과 구조 속에서 가진 자는 경쟁에서 이긴 우월감을 즐기는가 하면, 한편 못 가진 자들은 상대적 박탈감과 좌절감 속에서 신음하고 있는 것이 우리의 현실이다. 이러한 환경 속에서 돈에 눈이 멀어 하나님과의 관계가 끊어져서는 안 된다.

예수님은 무엇보다 '먼저 그 나라와 의를 구할 것' 을 권면하신다. 돈과 재물의 위치를 확실하게 정해 두라는 것이다. 만약 그렇지 못하면 돈을 내가 관리하는 것이 아니라 돈과 재물이 나를 관리하고 지배하게 된다. 예수님이 관심을 가지시는 것은 재물의 많고 적음이 아니라 재물에 대한 우리의 태도다. 돈을 버는 과정 속에서 무슨 일을 결정할 때에는 언제나 하나님과의 관계를 우선해야 한다. 하나님은 소유가 아니라 관계를 통하여 역사하시기 때문이다.

우리는 돈이 인간을 지배하는 세상에 살고 있다고 해도 과언이 아니다. 정치인의 불법 정치 자금 수수나 기업인의 뇌물, 서민들의 카드 빚, 과도한 교육열, 노조를 포함한 수많은 이해 집단의 시위 등 언론에 등장하는 거의 모든 사회 문제나 사건 사고의 배후에는 바로 돈이 있다. 돈이 지배하는 세상에서 탈락하지 않으려고 몸부림치는 과정에서 그러한 세상의 온갖 문제가 생겨나는 것이다.

이렇게 돈이 '최고의 선' 으로 추구되는 이 세대의 가치관과 풍조에 크리스천은 정신을 똑바로 차리고 하나님의 메시지에 귀를 기울여야 한다. 돈에 눈이 멀어 하나님을 바라보지 못하는 어리석음을 범해서는 안 될 것이다.

돈은 단순히 돈으로만 끝나는 것이 아니라 하나님과 같은 숭배의 대상이 될 수 있다는 사실은 우리에게 경종을 울린다. 그러므로 돈과 재물의 위치를 확실하게 정해 두는 것은 매우 중요한 일이다. 만약 그렇지 못하면 돈과 재물에 내가 지배당하게 된다.

우리는 돈보다 더 큰 문제, 즉 하나님과의 관계를 먼저 해결해야 한다. 구원에 대한 감각을 가져야 한다. 이 문제를 해결하지 못했다면 아무리 돈이 많아도 인생의 실패자다. 먼저 해야 할 일이 있고 나중에 해야 할 일을 깨닫는 사람이 지혜로운 사람이다.

2. 정당하고 정직한 방법을 선택하라.

● 잠 13:11

망령되이 얻은 재물은 줄어 가고 손으로 모은 것은 늘어 가느니라.

여기서 "망령되이 얻은 재물"이란 자신의 노력으로 얻은 재물이 아니라 속임수나 착취로 단번에 끌어들인 재물을 가리킨다. 이러한 재물은 손쉽게 얻은 만큼 쉽게 써 버리므로 금방 없어지게 된다. 하지만 정직하고 성실하게 모은 돈은 점차 늘어간다. 불의하게 축적한 재물은 결코 오래가지 못하지만(잠 13:22, 23:5), 성실과 정직으로 번 돈은 금방 없어지지 않는다.

흔히 쓰는 말 중에 "개같이 벌어 정승같이 쓴다"는 말이 있다. 이는 잘못된 말이다. 돈을 버는 데는 원칙이 있어야 한다. 마약을 판매하고 음란 비디오를 배포하고 환경을 파괴하면서 돈을 벌어서는 안 된다. 그렇게 돈을 벌 바에는 차라리 가난하게 사는 편이 훨씬 낫다. 그렇게 번 돈을 자식에 물려준다고 해서 그게 진정한 유산이 될 수 있을까? 뇌물을 받아서 십일조를 드리는 경우는 어떨까? 하나님께서 과연 그 돈을 받으실까?

하나님께서는 결과만큼 과정을 중요하게 보신다. 어쩌면 과정을 더욱 중요하게 보실 수도 있다. "모로 가도 서울만 가면 된다"는 결과 중심적인 세상 가치관과는 전혀 다른 생각을 갖고 우리를 바라보신다. 청지기는 길이 아니면 가지를 않겠다고 우겨야 한다. 만약 하나님께서 이 세상에서의 삶을 결과 중심적으로 바라보셨다면 악인이 판을 치고 의인이 고통받도록 내버려 두지 않으셨을 것이다. 하나님께서는 이 땅에서의 삶을 끝이 아닌 하나의 과정으로 보시기에 때론 의인을 고난 가운데 그대로 두기도 하시고 악인을 형통함 속에 두기도 하신다. 그리고 이 세상의 삶을 다 마친 후에 주님의 나라에서 그 모든 것을 판단하신다.

하나님은 정직하게 벌어들인 수입인가 아닌가에 관심을 가지고 있다. 요행을 바라거나 사행 심리로 벌어들인 돈도 기뻐하지 않으신다. 열심히 땀 흘려 노력하되 그 위에 하나님의 개입하심이 있는 돈, 투명하고 정직한 돈을 하나님께서는 기뻐하신다. 그러기에 신실한 청지기는 복권 당첨일을 손꼽아 기다리는 인생이 되어선 안 된다. 뇌물을 주고받는 가운데 가슴 졸이는 인생이 되어서도 안 된다. 세금계산서를 허위로 꾸민 돈으로 부자로 사는 인생도 안 된다. 하나님께서는 뇌물을 받을 수도 있는 높은 자리까지 올라가되 결코 뇌물을 받지 않는 실력자를 찾으신다. 세금계산서를 속이기보다는 정직하게 세금을 내되 최고의 서비스 정신으로 승부해서 성공한 사업가를 찾으신다. 한 달 내내 일해서 벌어들인 수익 중 일부를 떼어 하나님께 먼저 드리고 이웃을 돌보며 그 와중에도 알뜰하게 저축하여 재테크에 성공한 진정한 재테크 챔피언을 찾으신다.

신앙생활을 올바르게 하려면 '거룩'이라는 문제 앞에서 반드시 고민하게 되어 있다. 하나님께서는 "내가 거룩한 것같이 너희도 거룩하라" 고 말씀하셨기에 우리는 거룩의 문제를 현실에서 고민하고 적용해야 한다. 즉 거룩은 우리의 내면에서 묵상하고 마는 문제가 아니라 돈과 같은 현실 문제에도 적용해야 할 문제라는 것이다. 그러므로 돈에도 거룩한 돈이 있다는 사실을 알아야 한다. 영성과 돈은 결코 분리해서 생각할 성질의 것이 아니다. 즉 '영성의 거룩'은 반드시 '돈의 거룩' 이라는 형태로 삶 속에 나타나게 되어 있다.

그래서 하나님께서도 우리가 돈에 대해 정직할 것을 요구하신다. 교회 밖에서는 돈 문제로 많은 사람의 마음을 아프게 하면서, 뇌물을 받아 챙기면서, 주일이면 교회 안에서 거룩을 외치는 사람들의 이중성을 하나님께서는 기뻐하지 않으신다. 하나님께서는 오늘도 순결한 그리스도인을 찾고 계신다. 그리고 그 순결 속에는 돈 문제도 포함되어 있음을 늘 명심할 일이다.

그렇다면 거룩하게 살면서 돈을 잘 번다는 일이 가능한 일일까? 사실 쉬운 일은 아니다. 특히 우리나라와 같은 정치, 사회 구조 속에서 정직하게 돈 번다는 것이 쉽지는 않다. 그러나 하나님께서 함께하시면 가능하다고 믿는다. 그리고 정직하게 벌어들인 거룩한 돈은 결코 우리를 거꾸러뜨리는 법이 없다. 우리 가정 경제를 살리고, 나라 살림을 살리는 돈이 된다. 이제 크리스천이 나서서 거룩한 돈을 모을 때다. 그 거룩한 돈으로 나라를 살릴 때다.

뇌물

유대 총독 벨릭스는 감금 생활을 하는 바울이 뇌물을 바칠 것을 은근히 바라는 마음에서 그와 자주 기독교에 관한 대화를 나누었다. "동시에 또 바울에게서 돈을 받을까 바라는 고로 더 자주 불러 같이 이야기하더라"(행 24:26).

성경에는 이처럼 뇌물을 주고받은 자가 많이 나온다. 발람이 발락에게 뇌물을 받았으며(민 22:17-37), 블레셋 사람들이 삼손을 잡기 위하여 들릴라에게 뇌물을 주었고(삿 16:5), 사무엘의 아들들이 그 백성들에게 뇌물을 취했으며(삼상 8:3), 이스라엘 왕 아사가 벤하닷에게 뇌물을 보냈으며(왕상 15:18-19), 스마야가 도비야와 산발랏에게서 뇌물을 받았으며(느 6:10-13), 하만이 왕에게 뇌물을 바쳤고(에 3:8-9), 대제사장과 장로들이 군병들에게 뇌물을 주었으며(마 28:11-15), 시몬이 사도들에게 돈을 주어 하나님의 성령을 사려고 했다(행 8:18).

이처럼 뇌물은 한결같이 불의한 일을 도모하기 위해서 사용된다는 것을 알 수 있다.

3. 성실하게 일하라.

● 골 3:23

모든 일에 육신의 상전들에게 순종하되 사람을 기쁘게 하는 자와 같이 눈가림만 하지 말고 오직 주를 두려워하여 성실한 마음으로 하라.

한국인의 근면성은 세계적으로도 인정받고 있다. 그런데 한국이 어느 정도 경제 성장을 이룩한 뒤에는 땀 흘려 일하기보다는 적당히 쉽게 살려는 추세가 넓게 퍼지고 있다. 직원들의 회사에 대한 충성도는 점점 줄어들고 될 수 있으면 일을 적게 하려는 경향이 많아지고 있다. 게으름이나 태만함이 회사에 만연하게 되면 생산성이 떨어져서 회사는 언젠가 문을 닫게 된다.

모든 크리스천은 하나님의 동역자로 부르심을 받은 사람이다. 위 본문은 일을 할 때 하나님을 두려워하는 마음으로 성실하게 일할 것을 명령한다. 그러므로 무슨 직업을 갖고 있든지 내가 하는 일이 하나님 일의 연장인 이상 우리는 일을 아무렇게나 할 수 없다. 그러면 어떻게 일을 해야 할까? 작은 일이건 큰일이건, 돈을 많이 벌건 적게 벌건 간에 모든 일을 성실한 마음으로 해야 한다.

4. 지나친 욕심이나 탐욕을 삼가라.

● 약 1:15

욕심이 잉태한즉 죄를 낳고 죄가 장성한즉 사망을 낳느니라.

사람이 사업을 하건 투자를 하건 실패하는 이유 중에 대표적인 것이 지나친 욕심이다. 지나친 욕심이나 욕망에 이끌리면 결과만을 중요시하는 마음으로 과정을 소홀히 하기가 쉽다. 부정직하고 부당한 방법도 욕심의 그늘에 쌓여 그냥 지나치게 된다. 뿐만 아니라 욕심이 지나치면 사리 판단을 올바로 하지 못하거나 객관적으로 사물을 보지 못하고 편중된 의사 결정을 하기가 쉽다. 이러한 상황을 "욕심에 눈이 멀었다"고 표현한다.

마음을 다스릴 줄 아는 자가 돈도 다스릴 수 있다. 그러기 위해서는 무엇보다 늘 욕심을 경계하며 자족하는 훈련을 해야 한다. 어떠한 형편에서든지 자족할 줄 아는 사람이 욕심을 줄일 수 있기 때문이다.

사업가들이 사업에 실패하는 가장 큰 원인 중 하나도 바로 지나친 욕심 때문이다. 과속을 하면 운전자의 시야가 좁아지는 것처럼 욕심이 클수록 시야가 좁아져서 분별력을 잃게 된다. 결국 눈앞의 이익만 좇다가 사업을 실패로 마감하는 경우가 많다.

부에 대한 지나친 탐욕은 결국 스스로를 근심과 파멸의 구렁텅이에 빠뜨리고 만다. "부하려 하는 자들은 시험과 올무와 여러 가지 어리석고 해로운 욕심에 떨어지나니 곧 사람으로 파멸과 멸망에 빠지게 하는 것이라 돈을 사랑함이 일만 악의 뿌리가 되나니 이것을 탐내는 자들은 미혹을 받아 믿음에서 떠나 많은 근심으로써 자기를 찔렀도다"(딤전 6:9-10). 여기서 '자기를 찌른다'는 말은 곧 자기의 마음을 심하게 괴롭히는 것을 뜻한다. 돈 그 자체는 나쁜 것이 아니다. 단지 돈을 하나님보다 더 사랑할 때 문제가 생기게 된다. 돈은 하나님의 영광을 나타내기 위한 수단으로 사용되어야지 목적이 되어서는 결코 안 된다. 목적과 수단이 뒤바뀌어서는 안 되는 것이다. 돈을 사랑함으로 말미암아 일어나는 죄악이 얼마나 많은지는 우리의 현실 생활에 역력히 나타난다. 바울은 말세의 현상을 열거하면서 "자기를 사랑하며 돈을 사랑하며"(딤후 3:2)라고 했다. 실로 오늘날은 자기와 돈을 사랑하는 시대라고 해도 과언이 아닐 것이다. 그러나 이러한 돈에 대한 우상화는 오히려 스스로를 수렁으로 이끌고 만다.

우리를 불행하게 만드는 것은 항상 부족하게 느껴지는 돈이나 재물이 아니다. 우리를 고통스럽게 하고 비참하게 만드는 가장 근본적인 원인은 우리 속에 자리 잡고 있는 '욕심'이다. 그러므로 인생의 참 기쁨과 만족이 돈이나 재물의 넉넉함에 있는 것이 아니니 삼가 탐심을 물리치라는 예수님의 말씀에 귀를 기울여야 한다. 돈과 재물을 올바르게 관리하기 원하는 사람은 무엇보다 먼저 늘 부족하게 느끼며 더 좋은 것을 더 많이 갖고 싶어하는 욕심과 탐심을 항상 물리치며 살아가야 할 것이다.

5. 대박이나 일확천금을 경계하라.

● 잠 28:20

충성된 자는 복이 많아도 속히 부하고자 하는 자는 형벌을 면하지 못하리라.

위 본문은 대박을 좇는 자가 형벌을 받게 될 것을 경고한다. 대박의 꿈은 마귀의 유혹이다. 땀 흘리지 않고 쉽게 얻는 돈은 그 사람을 타락시키거나 가정을 파괴하는 원인이 될 수 있기 때문이다.

오늘날 대한민국은 대박의 꿈을 좇다가 쪽박 차는 사람들로 넘쳐나고 있다. 이미 '바다이야기' 같은 성인 오락실로 인해 파탄 지경에 빠진 가정이 셀 수 없을 정도다. 전국의 경마장과 카지노에는 발 디딜 틈도 없이 사람들로 가득 차 있다. 국가에서 공인한 복권 종류만 해도 약 15종에 이른다. 쉽게 큰돈을 벌수 있다는 다단계 판매의 유혹에 빠졌다가 결국은 신용불량자로 전락한 젊은이들을 흔히 볼 수 있다. 주식으로 대박을 꿈꾸다 적게는 수천만 원대, 많게는 수십억 원대의 가산을 탕진하거나, 심지어는 집도 가족도 모두 잃고 패가망신한 사람도 너무나 많다.

우리 옛 어른들께서 아랫사람의 잘못을 꾸짖는 말로 '불한당 같은 놈'이라는 말을 쓰셨다. 이 말은 바로 '땀 한 방울 흘리지 않고 남의 것을 빼앗는 무리'를 말한다. 그만큼 우리 조상들은 땀 흘리지 않고 쉽게 불로소득을 누리는 것을 경멸했고 죄악시했다.

하나님께서도 아담에게 "얼굴에 땀을 흘려야 먹을 것을 먹으리니"(창 3:19)라고 말씀하셨다. 이것이 하나님의 법칙임을 잊지 말아야 한다. 쉽게 번 돈은 쉽게 나가기에 결국 시간과 에너지를 헛된 곳에 쓰는 결과를 가져온다.

손쉽게 돈을 벌려는 태도보다는 하나님께서 복 주실 만한 삶의 자세를 하나씩 배양해 가는 충실한 인생이 될 때 우리 삶은 넘치도록 부유한 '대박 인생'이 될 것이다.

조급한 마음의 결정체, 다단계 비즈니스

각종 언론에서 다단계 비즈니스의 폐해를 수차례 보도했지만 아직도 그 유혹에서 벗어나지 못하는 사람이 많다. 이것저것 많은 일을 해봤지만 실패를 거듭한 사람이라든가, 돈이 절실하게 필요한 절박한 상황 가운데 놓인 사람이 조급한 마음에 다단계 비즈니스의 유혹에 잘 넘어간다. 잘 알려진 대로 이들의 판매 전략은 일단 회원 가입 시 수백만 원어치의 물건을 떠안기고, 다른 회원을 끌어오면 일정액의 수당을 지급하는 방식이다. 마치 피라미드처럼 한 사람의 회원을 끌어오면 수당을 지급받고, 그 회원이 또 다른 회원을 끌어오면 다시 수당을 지급받는 방식이기에 잘만 하면 앉아서 떼돈을 벌 수 있는 것으로 착각하게 만든다.

그러나 다단계 회사의 물건은 가격 면에서도 상대적으로 비싸거니와, 또 다른 회원을 끌어들여 자사 물건을 사게 하는 일이 결코 쉽지가 않다. 그들이 말하는 대로 '300만 원을 투자하면 연간 1억 원 이상을 벌 수 있는' 사람이 극히 드물다는 것이다. 300만 원어치의 물건을 사서 정식 회원이 된 후에 또다시 수많은 회원을 등록시켜 그 수당으로 제대로 된 월급을 받기란 하늘의 별 따기만큼이나 어려운 일이다. 결국 돈이 없어서 신용카드로 수백만 원어치의 물건을 구입했을 뿐, 돌아온 이득은 하나도 없음을 발견할 때는 이미 많은 손실을 본 후다. 실제로 1억 원의 수당을 사람이 있다고 해도 극소수일 뿐, 대부분은 자신이 투자한 돈을 한 푼도 건지지 못하고 피눈물을 흘리며 돌아선다는 사실을 알아야 한다. 그러나 다단계 회사는 회원을 끌어들일 때 누구나 1억 원을 벌 수 있는 것처럼 유혹한다는 것이 문제다. 1,000만 원을 벌기보다는 1,000만 원을 잃을 가능성이 더 큰 곳이 바로 다단계 회사다.

게다가 소비자를 위한다는 명목 하에 내세우는 소비 강요야말로 다단계 조직 내 소수의 이익을 위한 일임을 간과해선 안 된다. 여기에 현혹된 회원들은 가까운 지인들을 찾아가 회원 가입을 강요하며 자사 제품의 소비를 확신 있게 강조한다. "너무나 좋은 이 제품을 소개해 주는 것만으로도 고마운 줄 알라"는 태도다.

특별히 교회는 지인들을 중심으로 이루어지는 다단계 회사의 판매 전략상 영업하기에 매우 적합한 곳이다. 그러다 보니 교회 안에 다단계 판매 조직이 깊숙이 들어가 문제를 일으킨 사례가 한두 건이 아니다. 어떤 개척교회는 힘들게 30-40명의 교인을 교회로 인도했는데 다단계 판매가 문제 되는 바람에 그만 모두 교회를 떠나 버린 경우도 있다. 크리스천이 다단계에 빠지면 이런 엄청난 결과도 초래할 수 있다.

빨리 성공을 해야 한다는 조급한 마음은 다단계와 같은 귀가 솔깃한 유혹을 뿌리치지 못하게 한다. 비단 다단계 사업뿐만이 아니다. 일에 대한 지나친 성과가 보장되는 사업이나 대박을 노리는 일 쪽으로는 가급적 가지 않는 것이 좋다. 아예 이참에 하나님 앞에 결단하는 것도 좋다. "하나님, 저는 단박에 성공하려는 조급한 욕심을 버리겠습니다. 아예 그런 쪽으로는 쳐다보지도 않겠습니다. 그저 성실하게 한 걸음씩 내딛으며 하나님께서 주시는 시간과 방법을 기다리겠습니다."

진정한 그리스도인이라면 일확천금의 대박을 기대하지 말고 "신실한 청지기로 살라"는 성경의 대의를 따라 묵묵하게 땀을 흘리며 최선을 다하는 삶을 선택해야 한다. 세상에는 공짜란 없다

 주식, 투자인가 투기인가?

지난 세월 주식 시장은 많은 사람에게 큰 희망과 절망을 안겨 주었다. 퇴직금을 몽땅 주식에 투자했다가 다 잃는 바람에 비관 자살한 사람도 나왔다. 서울에서 한 증권회사 지점장은 고층 건물 창문에서 떨어져 죽기도 했다. 착실하게 살아가던 소시민들도 어렵게 마련한 종자돈을 주식에 쏟아 부었다가 하루아침에 무일푼이 된 경우도 많았다. 아마 우리 주변에는 겉으로 표현은 안 해도 주식으로 인한 상처 속에서 하루하루 힘겹게 살아가는 사람이

의외로 많을 것이다.

직접 주식에 투자하지 않았더라도 뮤추얼펀드에 투자했거나 은퇴 연금에 많은 돈을 적립했던 사람들 역시 줄어드는 원금에 크게 실망하고 있는 현실이다. 주변을 보면 주식 가격의 하락을 나타내는 '파란 세모표' 에 가슴앓이를 하는 사람을 흔히 볼 수 있다. 장기적인 안목을 가지고 주식에 투자한 사람은 주식 시장의 변화에 덜 민감하지만, 단기 투자를 한 사람들에게 주식 시장의 변화는 피를 말리는 전쟁 상황처럼 다가올 것이다.

과거에는 증권회사에 종사하는 사람들에게만 공개되었던 경제 동향이나 증권 시장의 움직임, 전문가의 조언, 회사의 매출이나 순이익 등에 관한 모든 정보를 인터넷 등을 통해 알 수 있기에 이제는 가정주부까지도 집 안에서 본인이 선택한 회사의 주식을 직접 사고 팔 수 있게 되었다. 이렇게 누구나 장소에 구애받지 않고 손쉽게 주식을 매매할 수 있는 상황은 주식을 단순한 투자가 아닌 투기적 개념으로 바꿔 놓기에 충분한 필요조건이 되었고, 그로 인해 주식 투자의 폐해는 더욱 커져 가는 실정이다. 그런 면에서 나는 재정에 관한 강의를 할 때마다 단기 투자의 폐해를 강조하는 편이다. 왜 주식이 투자가 아닌 투기에 가까운지를 미리 알고 대처하면 단기 투자의 심각한 고통을 막을 수 있으리라 믿기 때문이다.

단기 투자의 폐해 1 : 열심히 일하려는 의욕을 저하시킨다.

주식 투자는 이익을 보든 손실을 보든 두 가지 경우 모두 직장생활에 악영향을 끼친다.

먼저, 주식 매매로 많은 이익을 남길 경우, 일터에서 일하는 것이 시시하게 보이기 쉽다. '좋은 주식에 잘 투자해서 짧은 시간에 많은 돈을 벌 수 있는데 돈 몇 푼 벌자고 이 일을 해야 하나?' 하는 생각이 들기 때문이다. 하루아침에 주식 가격이 폭등하면 땀 흘려 일하는 샐러리맨들이 불쌍해 보일 수도 있다. 이렇게 주식 투자로 돈을 벌게 되면 현재 내가 하는 작은 일들의 소중함을 망각하기 때문에 열심히 일하려는 의욕마저 사라지게 된다. 이익을 올리면 올릴수록 더욱 쉽게 돈을 벌 방법만을 생각하기 때문이다.

반면 주식 투자로 손실을 볼 경우, 심한 상실감으로 인해 일이 손에 잡히지 않는다. 특히 많은 돈을 잃게 되면 앉으나 서나 '본전 생각' 뿐이다. '어떻게 하면 되찾을 수 있을까?' 하는 마음에 사로잡혀 일은 손에 잡히지 않고 열심히 일하려는 의욕마저 잃어버린다. 생각해 보라. 짧은 낮 시간에 수천만 원을 잃었는데 겨우 몇 백만 원을 벌기 위해 하루 종일 땀 흘려 일한다는 것이 어디 쉬운 일이겠는가.

결국 주식 투자는 이익을 남기면 남기는 대로, 손실을 보면 손실을 보는 대로 열심히 일하려는 의욕을 저하시키고 만다.

단기 투자의 폐해 2 : 휴식이 사라져 건강을 잃기 쉽다.

주식 투자를 하다 보면 휴식이 사라진다. 놀음판에 앉아 있는 사람이 편히 쉬고 안식할 수 없는 것과 같은 이치다. 뿐만 아니라 하루에 듣고 대하는 많은 일을 주식과 연결짓기 때문에 늘 긴장하게 된다. 지금 당장 돈을 잃고 따는 상황에서 어찌 마음이 쉴 수 있겠는가. 텔레비전 뉴스나 신문도 주식 시장에 악재가 될 일이 터지지는 않았는지 늘 그 관점에서 보고 듣는다. 뉴욕 무역센터 건물이 테러를 당해 무너져도 소중한 생명이 희생당한 것에 대한 안타까움보다는 주식 가격 폭락이 더 큰 염려거리로 다가온다. 일과 후 집에 가서 사랑하는 가족들과 대화하며 안식하려고 해도 머릿속에는 온통 주식 생각뿐이다. 아침에 눈을 뜨자마자 가장 궁금한 것도 '오늘의 주식 시장은 어떻게 될까?' 다. 지나치게 주식에 집착하게 되면 잠자리에 들어도 주식 생각에 잠 못 이루고, 자다가 깨도 그 생각에 잠을 설친다. 하루 24시간 대부분을 주식과 연결지어 사는 까닭에 매일이 살얼음판이다. 마음 놓고 안식을 취하는 날이 점점 드물어진다. 그 결과 건강의 적신호가 나타나기 쉽다.

아마도 누군가 '주가 등락이 인체 건강에 미치는 영향'이라는 제목의 논문을 쓴다면 충격적인 결과가 나올 것이라 나는 장담한다. 주식 가격의 변동은 많은 사람에게 끊임없는 긴장과 엄청난 스트레스를 안겨 주었고, 이러한 정신적인 불균형은 질병을 초래하는 등 우리의 건강을 엄청나게 위협하고 있다. 특히 암, 심장병, 고혈압, 위장병, 협심증 등은 정신 상태와 밀접한 관계가 있다. 심지어 주식 투자로 인해 많은 재물의 손실을 본 후 엄청난 상실감과 좌절감으로 자살까지 감행하는 사람이 적지 않은 실정이다.

주식은 사람을 기분 좋게 하기보다는 긴장과 스트레스 상태로 이끄는 경향이 훨씬 강하다. 예를 들어 보유하고 있는 주식이 500만 원 오를 경우, 기분이 조금 좋아진다. 그러다가 반대로 500만 원을 잃었다고 해보자. 단순 계산으로는 아까 기분이 좋아진 만큼만 나빠지면 되는데 실제로는 그 몇 배로 기분이 상하고 만다. 이상하게도 대부분의 주식 투자자는 주식을 팔고 나면 가격이 오르고, 사고 나면 가격이 떨어지는 상황과 자주 만난다. 이런 상황에 부딪칠 때마다 투자가들은 늘 후회하는데, 이 후회가 지나치면 자기 비하로 이어져 심한 스트레스에 시달리게 된다.

주식 시장에 관한 많은 정보도 건강을 해치는 주범 가운데 하나다. 복잡한 정치, 사회, 경제 구조 속에서 대부분의 증권가 소식은 주식 시장에 도움이 되는 좋은 소식보다는 나쁜 소식이 더 많다. 이러한 모든 것은 끊임없이 감정의 기복과 스트레스 상태를 유발하기 때문에 육체의 질병을 초래하는 것은 당연한 결과라 할 수 있다.

결국 주식은 우리의 건강을 해롭게 하면 해롭게 했지 좋아지게 하지 않는다는 사실을 잊지 말아야 한다.

단기 투자의 폐해 3 : 후회와 아쉬움 속에서 살아간다.

주식 투자를 하겠다고 생각하거나 실제로 주식 거래를 하는 사람은 그나마 물질적으로 혜택을 받은 사람이다. 왜냐하면 적은 수입으로 근근이 살아가는 처지의 사람은 주식 투자에 눈을 돌릴 여유가 전혀 없기 때문이다. 한마디로 주식 투자는 상대적으로 경제적 여유를 지닌 사람들이 더 많은 금전적 이익을 얻으려는 것이기 때문에 그나마 형편이 낫다고 말할 수 있다. 하지만 일단 주식 투자를 시작하면 그때부터는 그나마 있던 여유마저 잃어버리고 후회와 아쉬움 속에서 살아가기가 쉽다.

예를 들어 보유하고 있던 주식을 팔아서 1,000만 원의 수익을 올렸을지라도, 팔고 난 후에 주식 가격이 더 오르면, '아깝다, 이틀만 더 있다가 팔았으면 더 많은 수익을 올렸을 텐데' 라는 아쉬움 속에 살아가게 된다. 1,000만 원 수익에 대한 기쁨보다, 추가 수익의 기회를 놓친 데 대한 아쉬움이 더 크게 남기 때문이다.

반대로, 보유하고 있던 주식이 하락해서 1,000만 원의 손실을 보면 그때는 더더욱 뼈아픈 후회와 아쉬움 속에 살아간다. '그때 이 종목을 사지 말고 다른 종목을 샀으면 손해는커녕 돈을 벌었을 텐데' 라며 후회막급이다.

결국 수익을 올리면 올리는 대로, 손해를 보면 손해를 보는 대로 속상한 감정만 가슴 속에 상처로 자리 잡게 된다. 우리 인생의 소중한 시간을 후회와 아쉬움이라는 시간으로 얼룩지게 하고 싶은가? 그렇다면 주식에 모든 물질을 투자해 보라. 틀림없이 후회로 얼룩진 인생이 될 것이다. 어떤 결과가 남든 후회와 안타까움이 지속된다면 그 길은 결코 복된 길이 아니다. 하나님께서 허락하신 길은 설혹 실패하더라도 평안과 감사와 기쁨이 온다. 그러나 사탄이 유혹하는 길은 후회와 고통과 불안과 불평이 남는다는 사실을 잊지 말기 바란다.

단기 투자의 폐해 4 : 집중력을 떨어트려 일의 능률을 저하시킨다.

주식 투자에 몰입하다 보면 일에 대한 의욕뿐만 아니라 일의 능률까지도 현저하게 떨어지는 것을 느낄 수 있다. 사람이 일을 하거나 공부를 할 때 정신을 집중해서 하는 것과 딴생각하며 하는 것은 엄청나게 다른 결과를 가져온다. 일의 능률은 시간을 많이 투자한다고 오르지 않는다. 주어진 시간에 얼마만큼의 집중력을 쏟아 부었는가가 일의 성과를 좌우한다.

이러한 집중의 원리는 일상생활의 모든 분야에 적용되는 중요한 삶의 원리다. 사업을 하는 사람이 집중의 원리를 무시할 경우 창의성을 상실하거나 장래에 대해 건설적이고 생산적인 계획을 세우기가 어렵다. 공부를 오랜 시간에 걸쳐 하는 사람보다는 짧은 시간이라도 집중해서 하는 사람이 더 공부를 잘한다. 아무리 밤을 새워 공부했다고 해도 머릿속에 여러 복잡한 생각이 들어 있는 상태라면 별로 효과가 없다.

이와 마찬가지로 마음을 주식에 빼앗겨 버리면 정신을 집중할 수 없다. 남보다 야근을 더 하고 철야를 해도 소용이 없다. 마음이 딴 데 가 있으니 일에 능률이 오르지 않는 것이다. 도박이나 골프에 지나치게 빠지게 되면 자신의 본업에 충실하지 못하고 결국은 망하게 되는 경우와 같은 이치다.

단기 투자의 폐해 5 : 인생의 귀중한 것을 잃기 쉽다.

이 세상에는 돈보다 귀중한 것이 너무나 많다. 나의 생명, 건강, 가정, 사랑하는 가족, 친구, 일터에서의 일, 취미 생활, 여행 등 하루하루의 삶 속에서 주어진 모든 것이 너무나 소중하다. 그런데 주식 투자에 몰입하게 되면 이러한 삶의 소중한 것을 잃기가 쉽다. 주식에 온 마음을 빼앗기다 보니 인생을 즐기지 못하고 하루하루 주식 생각만 하다가 허송세월하기 쉬운 것이다. 뿐만 아니라 삶 속에서 얻을 수 있는 작은 기쁨들을 놓치기가 쉽다. 사람들과의 만남도 기피하려는 경향이 생겨난다.

가족 간에 불신이 쌓여 가정의 행복이 깨지는 경우도 있다. 몇 년 동안 부부가 노력해서 알뜰하게 모아 두었던 돈을 주식에 투자했다가 다 잃어버리는 바람에 그동안 가졌던 꿈을 포기하는 가정, 남편이나 아내가 배우자 몰래 주식 투자를 했다가 많은 돈을 잃고 결국은 이혼을 한 가정도 있다. 주식 투자로 인해 많은 손실을 보았으나 아내에게는 말도 못하고 고민 속에 살아가는 남편도 많다. 아내에게는 그저 잘되어 간다고 얼버무리지만 아내에 대한 미안함과 솔직하게 고백하지 못하고 있다는 자괴감 등은 결과적으로 가정을 어둡게 만드는 주요 원인이 된다.

인생에는 돈보다 귀한 것이 너무나 많다. 그러나 단기 주식 투자는 돈보다 귀중한 인생의 많은 것을 보지 못하게 하고 듣지 못하게 하다가 결국은 그것을 잃게 하는 주범임을 기억해야 한다.

단기 투자의 폐해 6 : 신앙생활에 많은 지장을 받는다.

신앙의 성숙은 하나님을 향해 한 마음을 가질 때에만 가능하다. 야고보 사도는 두 마음을 품는 사람을 향해 "이런 사람은 무엇이든지 주께 얻기를 생각하지 말라. 두 마음을 품어 모든 일에 정함이 없는 자로다"(약 1:7-8)라고 경고한다. 주식 투자에 몰두하게 되면 마음이 나뉘고, 그렇게 되면 올바른 신앙생활을 하기가 어려워진다. 순전하게 하나님을 바라볼 때 우리는 하나님의 사랑을 있는 그대로 느끼며 받아들일 수 있다. 내 마음이 쪼개지면 나를 향하신 하나님의 사랑을 스스로 변질시켜 바라보게 된다.

특별히 하나님께서는 혼합하는 것을 싫어하신다. 무엇이든지 혼합할 때 거룩은 깨지기 때문이다. 하나님께서는 이스라엘 백성에게 여러 가지 면에서 성별의 진리를 가르치셨다. 그들에게 밭에 두 종자를 섞어 뿌리는 것을 금하셨고, 두 재료로 직조한 옷을 입는 것도 금하셨다. 또한 가축도 다른 종류와 교합시키는 것을 금하셨다(레 19:19). 심지어 소와 나귀에 함께 멍에를 매어 밭을 갈지도 못하게 하셨다(신 22:10). 하나님께서는 순수한 마음을 원하신다. 하나님을 향한 한 마음을 요구하시는 것이다. 하나님께서 우상 섬기는 것을 싫어하시고, 또한 간음에 대해 크게 정죄하시는 이유도 그 때문일 것이다.

단기 주식 투자는 하나님을 향해 한 마음을 갖지 못하도록 유혹한다. 나도 모르게 주식 동향에 관심과 신경을 쓰다 보면 하나님을 향했던 마음이 흐트러지고 만다. 하나님께서 귀히 여기시는, 작지만 소중한 것에는 무관심하게 되고 마음은 오로지 돈만 향하게 된다. 이런 상황을 예수님께서는 씨 뿌리는 비유를 통해 지적하셨다. 가시밭에 떨어진 씨앗이 가시 때문에 열매를 맺지 못한다는 말씀을 통해 '재물에 대한 염려'가 '하나님의 말씀'을 내 영혼 가운데 뿌리내리지 못하도록 막고 있음을 지적하신다.

크리스천이 단기 주식 투자에 몰입하면 하나님보다 돈이 우선순위로 다가온다. 하나님을 향한 충성되고 성실한 마음을 지속하기가 어렵다. 전심으로 기도하거나 전심으로 찬양을 드릴 수가 없다. 기도를 하되 정욕에 쓰려고 잘못된 기도를 하는 경우가 많고, 찬양을 드려도 주님을 묵상하며 찬양하지 않게 된다. 그만큼 주식은 우리의 시선을 하나님이 아닌 재물로 돌려놓게 만드는 강력한 유혹이 된다는 것이다.

이상 여섯 가지 이유 외에도 단기 주식 투자의 폐해는 참으로 많다. 결론적으로 말하자면 일반인들에게 주식 투자는 이미 투자를 넘어 투기에 가깝게 다가오므로 바람직한 투자라고 보기 어렵다. 물론 부동산 투자도 하기에 따라 투기에 가까울 수 있고, 그 외 다른 투자도 마찬가지 요소가 있지만, 단기 주식 투자는 시시각각 삶을 조이는 요소가 강할 뿐더러 단시간 내에 대박 아니면 쪽박이라는 결말을 내기 때문에 어떤 투자보다도 신중해야 할 분야다.

03과
목적에 따른 돈 쓰기

》 들어가면서

요즘 대한민국의 서점가에는 '부자 되는 방법'을 알려 주겠다는 책으로 넘쳐나고 있다. 몇 년 전부터 베스트셀러 목록 중에도 부자 되는 길과 관련된 도서가 빠진 적이 거의 없을 정도다. 그에 비해 '어떻게 하면 돈을 제대로 쓸 수 있는지'에 대해 말하는 사람은 거의 없다. 물론 재테크 도서 가운데 '돈 쓰는 방법'에 대한 언급이 조금씩 등장하긴 해도, 대부분 '더 많은 돈을 벌기 위한 돈 쓰기 요령'을 알려 줄 뿐이다. 가치 있게 돈 쓰는 법을 배워 보지 못해서인지, 열심히 일해서 부자가 된 사람들도 뚜렷한 목적과 계획 하에 돈을 쓰기보다는 기분과 분위기를 따라 무절제하게 돈을 쓰는 일이 많다. 아니면 무작정 많이 모아 둔 돈 때문에 오히려 근심이 늘어나거나, 부부간의 불화를 일으켜 가정이 깨지는 경우도 있다.

돈의 참된 가치는 돈을 많이 벌 때가 아니라 적절히 사용할 때 발생한다. 진정한 부자는 돈을 많이 축적하는 사람이 아니라 돈을 올바르게 사용하는 사람이다. 이제 하나님은 우리가 맡겨 주신 돈을 어떻게 쓰기를 원하시는지 알아보자.

3과 목적에 따른 돈 쓰기

01 ●●● 돈의 몫 나누기

사람들은 흔히 돈 많이 번 것을 갖고 성공이라 말하지만 진짜 성공이란 그 돈을 잘 배분할 때 붙을 수 있는 말이다. 돈은 사용될 때 비로소 그 힘을 발휘하게 되는 것이다. 자신이 벌어들인 돈을 이웃에게 자랑만 할 뿐 나눠 줄 줄 모른다면 그 돈은 사람을 살리는 돈이 아니라 죽이는 돈이 되고 만다. 그 사람의 자랑을 통해 가난한 자들은 상대적 박탈감에 더욱 시달리고, 빈 주머니 사정만 더욱 크게 보일 뿐이다. 나눌 수 없는 물질, 전염시킬 수 없는 행복은 결코 자랑하는 법이 아니다. 실컷 벌었어도 제대로 쓰지도 못하고 죽는 인생은 결코 돈에 성공한 인생이 아니다. 돈에 성공한 청지기는 많이 벌어서 돈을 잘 사용하며 부유함의 축복을 누릴 줄 아는 사람이다.

사람이 돈을 어디에 사용하는가를 보면 그 사람이 어떤 인생을 살아가고 있는지를 가늠할 수 있다. 돈의 사용처가 그 사람의 삶과 가치관을 보여 주기 때문이다. 어떤 물건을 위해 큰돈을 쓴다면 그 사람은 그것을 중요하게 생각하고 거기에 높은 가치관을 두는 것임에 틀림없다. 돈 가는 데 마음도 간다는 말이 있다. 훌륭한 학자는 책을 사는 데 돈을 아끼지 않는다. 골프광은 비싼 골프채 사는 것을 망설이지 않는다. 멋쟁이는 비싼 옷을 사는 데 아낌이 없다. 자선가는 가난한 이웃을 돕는 데 돈을 아끼지 않는다. 신앙심이 깊은 사람은 아낌없이 최선을 다해 헌금한다. 마약 중독자는 마약을 사는 데 돈을 아끼지 않는다. 이렇게 그 사람이 돈을 가장 많이 적극적으로 사용하는 대상이 그 사람의 주요 인생 여정이라고 해도 과언이 아니다.

미국 역사상 돈이 가장 많았던 여성은 헤티 그린(Hetty Green)이다. 1900년 당시 미국 국민의 1인당 평균 수입은 연간 490달러였는데 그린의 수입은 700만 달러였다. 그녀는 조부로부터 막대한 재산을 상속받은 데다가 부호와 결혼해서 재산이 해마다 늘어났다. 1916년에 사망하면서 그린이 남긴 유산은 무려 2억 달러나 되었다. 그러나 그린의 삶은 비참하기 그지없었다. 구두쇠였던 그녀는 보스턴의 한 평범한 아파트에서 생활했고, 아들이 다리가 아플 때도 값싼 병원만 데리고 다니다가 결국 다리를 절단하는 일을 바라봐야 했다. 그토록 엄청난 돈이 있어도 뉴욕의 은행에 저축만 할 뿐 제대로 누려 보지도 못하고, 그렇다고 나누지도 않았기 때문에 늘 '인색한 여자'라는 욕만 얻어먹다가 죽은 여자로 기록되었다.

이에 비해 록펠러(John D. Rockefeller, 1839-1937)의 삶은 어떠한가. 그는 사업 능력이 뛰어나서 24세에 벌써 백만장자가 되었다. 33세에는 미국 최고의 부자가 되었고, 43세에 세계 최고의 부자가 되었다. 그런데 불과 53세 되었을 때 병으로 힘든 시간을 보내야 했다. 탈모증으로 머리가 다 빠지고 위장병까지 생겨 하루에 우유 한 잔, 비스킷 몇 쪽밖에 못 먹었으며 불면증에 시달려 잠도 못 잘 지경이었다. 그러던 어느 날 성경책을 보던 록펠러에게 우연히 눈에 들어온 말씀이 있었다.

"주라. 그리하면 너희에게 줄 것이니 곧 후히 되어 누르고 흔들어 넘치도록 하여 너희에게 안겨 주리라 너희가 헤아리는 그 헤아림으로 너희도 헤아림을 도로 받을 것이니라"(눅 6:38).

이 말씀을 읽고 그는 크게 감동을 받았다. 특히 그동안 수단과 방법을 가리지 않고 재물을 모을 줄만 알았지 나누어 주지 못한 것에 대해 회개하게 되었다. 그후 그는 록펠러 재단을 만들어 사회와 나라를 위해 크게 기여했다. 인류 건강 증진에 크게 기여한 페니실린도 록펠러가 지원한 재단에서 만들어 낸 것이다.

이렇게 그의 재물을 이웃과 사회와 나누며 살기 시작하면서 그의 건강에도 변화가 생기기 시작했다. 빠졌던 머리털이 자라기 시작하고 고질병인 위장병이 없어졌으며 불면증도 어느덧 사라지게 되었다. 겨우 53세에 죽은 목숨처럼 살았던 그가 98세까지 장수하는 축복을 누리게 된 것이다. 뿐만 아니라 기업은 날로 번창했고, 그가 죽은 지 오랜 세월이 흐른 지금까지도 그 재단은 남아서 사회복지에 기여하고 있다.

신실한 청지기는 성실하게 노력하여 돈을 잘 벌고 관리할 뿐 아니라 배분의 지혜도 발동할 수 있어야 한다. 돈을 자랑하는 대신 돈을 잘 배분하여 그 돈이 세상을 밝히는 수단이 되게 해야 한다. 그렇다면 어떻게 배분해야 성공적인 몫 가르기를 했다고 볼 수 있을까?

성경에 근거한 다섯 가지 몫 나누기의 원칙은 다음과 같다. 아래와 같은 원칙을 따라 돈을 사용하다 보면 돈 쓰기의 목적을 올바로 실현할 수 있으며, 돈의 가치 또한 극대화할 수 있을 것이다.

1. 하나님의 몫을 우선적으로 구별한다.

하나님의 몫을 가장 먼저 구별해야 하는 이유는 우리가 가지고 있는 모든 것의 참된 주인이 하나님이기 때문이다. 우리는 이런 의문이 들 수 있다. "하나님께서 우리에게 재물을 맡겨 주셨는데 왜 하나님께 그 재물을 다시 돌려 드려야 할까?"

그 이유는 우리 재물의 모든 소유권이 하나님께 있음을 지속적으로 상기

해야 하기 때문이다. 우리는 하나님의 몫을 돌려 드리지 않으면 어느새 내가 가진 모든 것이 원래 내 것이라는 착각에 사로잡히게 된다. 인간에게는 그와 같이 피할 수 없는 어리석음이 있기에, 모든 재물에 대한 하나님의 소유권을 인정한다면 그 증거로 하나님의 몫을 구별해서 돌려 드리는 것이 마땅하다.

하나님의 몫을 따로 떼어 드리는 것이 아깝게 여겨진다면 이미 청지기 의식이 희미해지고 내 주인 의식이 강해졌다는 증거다. 이는 청지기에게는 매우 위험한 경고의 메시지다. 그런 경우 청지기 의식을 회복하기 위해 가장 먼저 해야 하는 일 또한 하나님의 몫을 가장 먼저 구별해서 드리는 일이다. 이를 원칙으로 삼고 행하다 보면 서서히 청지기 의식도 회복될 것이다.

우리가 나누어야 할 하나님의 몫은 크게 아래 두 가지로 분류할 수 있다.

(1) 십일조

십일조란 모든 수입의 10%를 따로 떼어서 하나님께 돌려 드리는 것을 의미한다. 성경에는 아브라함이 전리품의 10%를 살렘 왕 멜기세덱에게 바쳤던 행위를 최초의 십일조로 기록하고 있지만(창 14:20), 실제로는 그 이전부터 행했던 것으로 여겨진다.

● 말 3:8-10

사람이 어찌 하나님의 것을 도둑질하겠느냐 그러나 너희는 나의 것을 도둑질하고도 말하기를 우리가 어떻게 주의 것을 도둑질하였나이까 하는도다 이는 곧 십일조와 봉헌물이라 너희 곧 온 나라가 나의 것을 도둑질하였으므로 너희가 저주를 받았느니라 만군의 여호와가 이르노라 너희의 온전한 십일조를 창고에 들여 나의 집에 양식이 있게 하고 그것으로 나를 시험하여 내가 하늘 문을 열고 너희에게 복을 쌓을 곳이 없도록 붓지 아니하나 보라.

* 십일조는 하나님의 소유권을 인정하는 행위다.

십일조 문제를 대할 때 우리는 의아한 점을 한 가지 발견할 수 있다. 이 세상의 모든 것이 하나님의 것인데, 왜 특별히 10분의 1을 하나님의 것으로 구별하여 바치라고 하는가 하는 문제다. 그러나 이같이 십일조를 분별하여 하나님의 것으로 드리라고 하는 이유는 오히려 그렇게 함으로써 이 세상의 모든 것이 하나님의 것이라고 생각할 수 있기 때문이다. 바꿔 말하면, 이스라엘 백성은 십일조를 드림으로써 만물이 하나님의 소유임을 깨달을 수 있었다. "그리고 그 땅의 십분의 일 곧 그 땅의 곡식이나 나무의 열매는 그 십분의 일은 여호와의 것이니 여호와의 성물이라"(레 27:30).
십일조는 만물이 하나님의 것임을 인정하는 신앙의 표시다. 십일조는 단순히 수입의 10분의 1을 돌려 드리는 것으로 끝나는 것이 아니라 우리가 가진 것이 하나님의 선물임을 다시 한 번 확인하는 행위다. 예수님은 '네 보물 있는 그곳에는 네 마음도 있느니라'(마 6:21)고 말씀하신다. 십일조는 우리의 관심과 우선순위가 온전히 하나님께 있음을 보여주는 믿음의 행위다. 그런 의미에서 십일조는 내 재산의 실소유주신 하나님과 그것을 맡아 관리하는 청지기인 나 사이의 올바른 관계를 정립하고 유지하는 매우 중요한 지출 원칙인 셈이다.

* 십일조는 하나님의 백성으로 구별됨을 선포하는 행위다.

하나님은 당신의 백성이 세상과 구별되기를 원하신다. 예를 들어 이스라엘 백성에게 할례는 몸의 성별을, 안식일은 시간의 성별을, 유월절은 구원의 성별을 의미한다.
오늘날 현대를 살아가는 우리에게 십일조는 물질의 성별을 보여 준다. 우리는 십일조를 드리면서 내가 하나님의 백성이요 하나님의 자녀라는 것을 선포하는 것이다.

＊십일조는 하나님이 주시는 축복의 원리다.

십일조란 하나님의 은혜에 사랑으로 응답하게 하기 위해 하나님이 정하신 최소한도의 의무이자 가장 기본적인 신앙 훈련이다. 그것은 물질을 비롯한 그 어떠한 것보다도 더 하나님을 사랑한다는 우리의 결단과 고백이 담겨 있는 신앙 행위인 것이다. 그러므로 축복을 목적으로, 하나님과 흥정하는 마음으로 십일조를 드려서는 안 된다. 그러나 참으로 놀라운 것은 복을 받기 위해 십일조를 하는 것이 아니라 하나님의 은혜에 감사해서 기쁜 마음으로 자원하여 드린 것이지만, 하나님은 그것을 기쁘게 받으셔서 더 큰 축복으로 응답해 주신다는 사실이다.
온전한 십일조를 드리는 성도에게 하나님은 관심을 가지시고 넘치는 복과 은혜를 내려 주신다. 위 본문은 십일조를 통해 하나님께서 하늘 문을 열고 우리의 삶에 풍성한 축복을 내려 주신다고 약속한다. 실제로 많은 그리스도인이 십일조를 하나님께 신실하게 드리기 시작했더니 그후로 엄청난 재물의 축복을 받았다는 증언을 하는 것을 흔히 들을 수 있다.

십일조가 어려운 이유

1. 수입보다 지출이 많기 때문에

십일조를 드리고 싶은 마음은 있는데 막상 지출이 수입보다 많다 보니 계획했던 십일조를 드리지 못하는 사람이 꽤 많다. 벌어들인 것보다 써야 할 데가 더 많아 십일조를 못하겠다는 것이다. 이럴 경우 방법은 두 가지밖에 없다. 첫째는 수입을 늘리는 길이다. 둘째는 지출을 줄이는 방법이다. 돈을 써야 할 곳이 많다고 하나님께 드릴 십일조를 써 버려서는 안 된다. 십일조는 내 것 중에 10분의 1을 하나님께 드리는 것이 아니다. 왜냐하면 본래 내 것은 하나도 없기 때문이다. 십일조란 하나님이 내게 맡겨 주신 것 중에 10분의 1을 하나님께 돌려 드리는 것에 지나지 않는다. 그러므로 아무리 생활이 힘들고 어려워도 하나님의 것을 가로채거나 써 버리면 안 된다.

내 것 중에서 10분의 1을 하나님께 드린다고 생각하면 수입이 많든 적든 절대로 하나님께 드릴 수 없다. 그러므로 아예 맨 처음부터 수입이 생길 때마다 10분의 1을 미리 떼어 놓는 것이 아주 좋은 방법이다. 부모가 십일조 생활을 하는 것은 자녀 교육에도 매우 좋다. 하나님께 드리기 위해서 수입의 10분의 1을 믿음으로 정성껏 떼어 놓는 부모를 직접 보면서 자라나는 아이는 하나님을 경외하는 마음을 갖게 되며 이다음에 어른이 되어도 결코 돈을 따라 가거나 돈을 섬기는 사람이 되지는 않을 것이다.

2. 십일조로 드려야 할 돈 자체가 아깝기 때문에

생활비가 모자라거나 부족한 것은 아니지만 십일조로 나가는 돈 자체가 아까워서 십일조를 못하는 사람도 있다. 내가 열심히 일해서 돈을 번 것 같지만 사실 따지고 보면 하나님이 건강과 능력을 주셔서 일할 수 있었던 것이다. 만약 하나님이 건강과 능력을 주시지 않는다면 더 이상 아무 일도 할 수 없게 된다.

이처럼 하나님께 드리는 것은 아깝게 생각해서 아주 인색하게 헌금하면서도 하나님의 풍성한 축복만을 크게 기대하며 살아가는 사람도 많다. 내가 하나님께 인색하면 하나님도 나에게 인색할 수밖에 없다. 적게 심는 자는 적게 거두고, 많이 심는 자는 많이 거두게 되는 것이 성경에 기록된 하나님의 원리요 법칙이다(고후 9:6-12).

사랑하는 사람에게 주는 것은 아깝거나 헛되다고 느껴지지 않는다. 하나님께 드리는 것이 아깝게 느껴진다면 그것은 하나님을 사랑하지 않는다는 증거다. 하나님은 믿음을 가지고 자기를 찾는 자에게 상 주기를 원하신다(히 11:6). 하나님께 축복을 받으려면 하나님께 대한 인색한 마음을 버리고 믿음으로 감사의 예물을 드려야 한다.

3. 정직하고 꾸준하게 드리지 않기 때문에

주머니 사정이나 형편에 따라 또는 기분이나 감정에 따라 십일조를 드리기도 하고 중단하기도 하기 때문에 십일조를 드리는 것이 힘들게 느껴지는 경우가 있다. 모든 일이 잘되어 갈 때, 또는 목회자나 교인들과의 관계가 좋을 때는 기쁨으로 십일조를 드린다. 그러나 가정이나 사업이 힘들어진다거나, 특히 목회자가 마음에 들지 않을 때, 또는 교회에서 하는 일들이 자기 생각과 다르게 느껴질 때 십일조를 중단하면서 직접 간접으로 압력을 가하며 영향력을 미치려는 사람도 이따금 보았다. 이런 태도는 하나님 앞에서 올바르지 못한 자세다.

십일조를 포함한 헌금은 '사람'을 위해 내는 것이 아니라 근본적으로 '하나님'께 드리는 것이다. 교회라는 단체를 위해 기부하는 것이 아니라 주님께 드리는 것이다. 정직한 청지기는 주인을 속이지 않는다. 초대교회 시절의 아나니아와 삽비라는 재산을 팔아 하나님께 바치려고 하다가 부부가 함께 죽게 되었다. 왜냐하면 하나님을 속이며 드리려고 했기 때문이다. 그러므로 십일조와 헌금도 하나님 앞에서 정직하고 꾸준해야 한다. 하나님께 십일조를 드리기를 이미 결정하고 시작했으면 항상 정직하게 온전한 십일조를 꾸준히 드리도록 노력해야 한다.

4. 복을 받기 위해 투자하는 것처럼 생각하기 때문에

마치 도박하는 사람처럼 하나님으로부터 더 많은 것을 얻어 보려고 십일조와 헌금을 드리는 사람도 있다. 이런 사람은 십일조를 드리고 난 후에 여러 가지 시험이나 어려움을 당하면 하나님께 바치기를 쉽게 포기해 버린다. 왜냐하면 손해 보았다고 생각하기 때문이다.

십일조는 하나님을 감동시키기 위한 뇌물이 아니다. 하나님의 마음을 움직이기 위한 미끼도 아니다. 하나님의 축복을 받아 내기 위한 투자도 아니다. 십일조가 복된 결과를 가져오는 것은 사실이지만 복을 받기 위한 투자 도구로 이용하는 것은 근본적으로 잘못된 태도다. 십일조는 하나님의 은혜와 사랑과 축복에 감사하는 마음으로, 하나님을 사랑하는 순수한 마음으로 드려야 한다.

5. 십일조로 자기 의를 나타내려 하기 때문에

마땅히 하나님께 드려야 할 십일조를 가지고 자신이 직접 각종 선교 사업이나 구제 활동에 쓰면서 그것으로 십일조를 드렸다고 생각하는 사람도 있다. 이런 사람을 향하여 하나님은 온전한 십일조를 가져오라고 구체적으로 말씀하신다(말 3:10). 십일조는 자신이 부름받아 섬기는 교회에 먼저 드려야 한다. 하나님의 집에 드려야 할 십일조를 가지고 자신의 이름과 영광을 나타내는 데 쓰는 것은 성경적인 행동이 아니다. 만약 의미 있고 보람 있는 하나님의 사업이라고 생각된다면 십일조 이외의 돈으로 도와주며 후원해야 올바른 신앙인의 자세다.

결론적으로 하나님은 십일조를 드리지 않는 것을 '도적질' 이라고 말씀하셨다. 또한 십일조를 드리는 사람에게는 더 많은 축복을 약속하셨다. 그뿐만 아니라 재물의 손실까지도 막아 주겠다고 약속하셨다(말 3:8-10). 십일조는 구원과 직접적인 관계가 없다. 십일조를 안 했다고 구원받지 못하는 법은 없다. 그러나 구원받은 사람은 마땅히 하나님의 신실한 청지기로 살아가야 한다. 청지기는 주인의 것을 자기 것으로 주장하거나 고집하지 않는다. 하늘과 땅과 그 안에 있는 모든 것의 주인 되시는 하나님이 우리에게 필요한 것을 공급해 주고 채워 주셨기에 고맙고 감사해서 청지기의 자세로 십일조를 드려야 할 것이다.

십일조를 드리지 않으면 하나님의 사업이 중단될까 봐 염려되기 때문에 십일조를 드리라는 것이 아니다. 도리어 하나님은 십일조를 통해 우리를 축복할 수 있는 기회를 갖기 원하신다. 그래서 사도바울은 적게 심는 자는 적게 거두고 많이 심는 자는 많이 거둔다고 말한다(고후 9:6).

(2) 헌금 또는 헌물

● 막 12:41-44

예수께서 헌금함을 대하여 앉으사 무리가 어떻게 헌금함에 돈 넣는가를 보실새 여러 부자는 많이 넣는데 한 가난한 과부는 와서 두 렙돈 곧 한 고드란트를 넣는지라 예수께서 제자들을 불러다가 이르시되 내가 진실로 너희에게 이르노니 이 가난한 과부는 헌금함에 넣는 모든 사람보다 많이 넣었도다 그들은 다 그 풍족한 중에서 넣었거니와 이 과부는 그 가난한 중에서 자기의 모든 소유 곧 생활비 전부를 넣었느니라 하시니라.

* 헌금은 믿음의 외적 표현이다.

헌금은 하면 구원을 받고, 하지 않으면 구원을 받지 못하는 그런 개념의 것이 아니며, 하나님의 축복을 받기 위한 목적만으로 드리는 것도 아니다. 헌금은 예수 그리스도의 사랑으로 구원의 은혜를 받은 성도들이 자신의 전 인격을 다해 하나님께 드리는 감사와 믿음의 표현이다. 삭개오도 예수님을 만난 뒤 가난한 자들을 위해 자신의 재물을 내놓기로 결심했다(눅 19:8).

본문에서 예수님은 헌금에서 중요한 것은 양이 아니라 정성과 믿음이라고 가르치신다. 본문에 나오는 '렙돈'은 당시 가치가 가장 낮은 화폐 단위로, 과부가 예물로 드렸던 돈은 지극히 적었지만 부자가 낸 많은 돈보다는 하나님 보시기에는 더 많고 가치 있는 것이었다.

바울도 고린도후서 8장 12절에서 "할 마음만 있으면 있는 대로 받으실 터이요 없는 것은 받지 아니하시리라"고 함으로써 예수님과 마찬가지로, 헌금에서 중요한 것은 양이 아니라 그 마음임을 가르치고 있다. 따라서 부자는 많이 드렸다고 자랑할 필요도, 가난한 자는 적게 드렸다고 부끄러워할 필요가 없다. 헌금에서 가장 중요한 것은 드리는 자의 마음이다.

* 헌금은 복음 전파의 중요한 수단이다.

헌금이라는 교회의 재원을 통해 그리스도의 몸 된 교회가 유지되고 성장할 수 있다. 또한 전도와 선교, 구제를 위한 사역을 감당하게 된다. 헌금은 어렵고 가난한 자들을 섬기는 데도 사용된다. 그리고 이를 통해 교회의 덕을 세우며, 믿지 아니하는 자에게 복음을 전할 수 있는 귀한 기회를 만들어 하나님의 영광을 드러내기도 한다. 이처럼 성도의 헌금은 하나님 나라를 더욱 견고히 세워 가는 데 중요한 역할을 한다.

* 헌금은 하나님께 영광을 돌리는 거룩한 행위다.

헌금은 하나님께 영광을 돌리는 중요한 표현 양식이 된다. 이에 관해 고린도후서 9장 12-13절에서는 다음과 같이 기록되어 있다. "이 봉사의 직무가 성도들의 부족한 것을 보충할 뿐 아니라 사람들이 하나님께 드리는 많은 감사로 말미암아 넘쳤느니라 이 직무로 증거를 삼아 너희가 그리스도의 복음을 진실히 믿고 복종하는 것과 그들과 모든 사람을 섬기는 너희의 후한 연보로 말미암아 하나님께 영광을 돌리고." 또한 빌립보서 4장 18절에는 "내게는 모든 것이 있고 또 풍부한지라 에바브로디도 편에 너희가 준 것을 받으므로 내가 풍족하니 이는 받으실 만한 향기로운 제물이요 하나님을 기쁘시게 한 것이라"고 말하고 있다.

이처럼 성도가 하나님께 드리는 헌금은 하나님의 절대적인 명령에 대한 자발적인 순종의 표시이자 헌신의 증거이며, 동시에 하나님께 영광을 돌리는 거룩한 행위인 것이다.

* 예수님은 헌금의 액수보다 헌금하는 사람의 마음에 더욱 관심을 가지고 계신다.

헌금과 헌물도 십일조 원리와 크게 다르지 않다. 얼마나 많이 바쳤느냐보다 중요한 것은 하나님에 대해 어떤 마음으로 드렸느냐 하는 점이다. 예수님께서는 부자들의 많은 헌금보다 가난한 과부의 보잘것없는 두 렙돈의 헌금을 더 기쁘게 여기며 칭찬하셨다. 여기서 예수님은 헌금 생활에서 중요한 것은 얼마나 빠짐없이 정확하게 헌금을 드리느냐에 있는 것이 아니라 얼마나 하나님을 사랑하는 마음을 가지고 정성으로 드리느냐에 있다고 역설하고 계신 것이다. 헌금 원리의 핵심은 하나님을 향한 친밀한 사랑의 관계에 있다.

 보물을 하늘에 쌓아 두라

"너희를 위하여 보물을 땅에 쌓아 두지 말라 거기는 좀과 동록이 해하며 도둑이 구멍을 뚫고 도둑질하느니라 오직 너희를 위하여 보물을 하늘에 쌓아 두라 거기는 좀이나 동록이 해하지 못하며 도둑이 구멍을 뚫지도 못하고 도둑질도 못하느니라 네 보물 있는 그곳에는 네 마음도 있느니라"(마 6:19-21).

여기서 예수님의 말씀은 재산 소유, 축적, 물질을 누리는 것을 금하시는 내용이 아니다. 다만 예수님이 금하신 것은 이기적인 부의 축적이다. 보물을 땅에 쌓아 둔다는 것은 오로지 자신만을 위해 이기적인 목적으로 재물을 축적하는 것을 의미하며, 하늘에 쌓아 둔다는 것은 재물을 하나님의 사업이나 구제 사업을 함으로써 선행을 쌓는 것을 의미한다. 바울의 말처럼, 선한 사업에 부요한 자가 곧 하늘의 보물로 부요한 자다. 불의한 재물이란 반드시 악을 도모하여 얻은 것만을 말하는 것이 아니라 주위에 있는 가난한 자를 보면서도 그들을 위해 사용하지 않은 재물을 가리키기도 한다.

예수님 당시의 보물은 귀한 의복과 금, 은이었다. 그런데 좀은 의복을 상하게 하며, 동록은 금, 은을 부식케 한다. 여기서 부식케 한다는 것은 곧 무가치하게 만드는 것을 뜻한다. 예컨대, 예루살렘 성의 멸망 시에 부자들이 재물을 땅에 묻어 두었지만 실제로 아무 쓸모없게 된 일이 있다.

우리는 이처럼 보물을 땅에 쌓아 두어 썩게 할 것이 아니라 그것을 썩지 않는 하늘에 쌓아 두어야 한다. 보물이 있는 곳에는 당연히 마음이 따라가는 법이다. 보물을 땅에 쌓아 두는 자는 마음이 땅으로 향하고, 하늘에 쌓아 두는 자의 마음은 하늘로 향하게 된다.

2. 자신과 가족의 몫을 즐길 줄 안다.

● 신 12:7

거기 곧 너희의 하나님 여호와 앞에서 먹고 너희의 하나님 여호와께서 너희의 손으로 수고한 일에 복 주심으로 말미암아 너희와 너희의 가족이 즐거워할지니라.

* 하나님께서는 나와 가족이 재물을 사용하며 하나님의 축복을 누리며 살기를 원하신다.

하나님을 향해 특별한 충성심을 가진 청지기 가운데는 이웃과 교회를 위해서는 재물을 아낌없이 사용하지만, 자신과 가족에게는 지나치게 인색해서 상처를 주는 사람이 의외로 많다. 하나님의 뜻은 나와 가족이 하나님께서 공급해 주신 것들로 인해 기뻐하며 누리는 삶을 사는 것이다.

하나님께서는 청지기들에게 가족 부양의 직무를 부여하셨으며, 이를 이행하지 않는 것을 직무 유기로 간주하신다. 디모데전서 5장 8절에서는 “누구든지 자기 친족 특히 자기 가족을 돌보지 아니하면 믿음을 배반한 자요 불신자보다 더 악한 자니라”고 매우 강경한 어조로 말씀하고 있다. 가족 부양의 책임을 다하지 않는 부모를 통해 자녀들은 하나님을 인색하고 무책임한 분으로 인식하게 된다. 이처럼 인색한 부모 때문에 가족 간에 불화가 생기면 하나님께서 기뻐하실 리가 없다.

신명기 12장 7절의 말씀도 기억해 둘 필요가 있다. “거기 곧 너희의 하나님 여호와 앞에서 먹고 너희의 하나님 여호와께서 너희의 손으로 수고한 일에 복 주심으로 말미암아 너희와 너희의 가족이 즐거워할지니라." 하나님께서는 수고해서 얻은 소득으로 우리와 가족이 즐거워하기를 원하신다. 이 말씀은 이스라엘 백성들이 평생 지켜야 할 규례와 법도로 주신 말씀이다.

3. 나라의 몫(세금)을 철저히 낸다.

● 롬 13:6-7

너희가 조세를 바치는 것도 이로 말미암음이라 그들이 하나님의 일꾼이 되어 바로 이 일에 항상 힘쓰느니라 모든 자에게 줄 것을 주되 조세를 받을 자에게 조세를 바치고 관세를 받을 자에게 관세를 바치고 두려워할 자를 두려워하며 존경할 자를 존경하라.

* 내 수입 중에는 나라의 몫이 포함되어 있다. 청지기는 세금 내는 일에도 힘써야 한다.

적어도 그리스도인은 나라의 권세를 무시해서는 안 된다. 모든 권세가 하나님께로부터 났기 때문이다(롬 13:1). 바울은 조세든 관세든 마땅히 줄 것을 주라고 가르쳤다(롬 13:6-7).
우리는 나라의 보호가 없으면 돈을 벌 수도 없거니와 생존권조차 보호받을 수 없다. 그러기에 경제생활에서 나라의 몫을 떼는 것은 당연하게 여겨야 한다. 세금 내는 것을 지나치게 아까워하는 것은 신앙적으로도 결코 좋은 태도가 아니다. 이 또한 하나님께 하듯 정성껏 감당해야 한다.
예수님께서도 "가이사의 것은 가이사에게"(막 12:17)라고 말씀하셨다.

4. 이웃의 몫을 나눈다.

● 레 19:9-10

너희가 너희의 땅에서 곡식을 거둘 때에 너는 밭모퉁이까지 다 거두지 말고 네 떨어진 이삭도 줍지 말며 네 포도원의 열매를 다 따지 말며 네 포도원에 떨어진 열매도 줍지 말고, 가난한 사람과 거류민을 위하여 버려두라 나는 너희의 하나님 여호와이니라.

* 하나님은 가진 자가 자신의 것을 이웃과 나누며 살기를 원하신다.

청지기는 자신이 통로에 불과하다는 사실을 잊지 말아야 한다. 하나님께서는 청지기의 손길을 통해 가난한 이웃에게 재물이 흘러들어 가기를 원하신다.

위의 구절은 농작물을 수확할 때 모두 거두지 말고 가난한 자의 생계를 위하여 일부러 조금씩 남겨 두어야 한다고 규정하고 있다. 이 사실은 신명기에도 나타나 있다. "네가 밭에서 곡식을 벨 때에 그 한 뭇을 밭에 잊어버렸거든 다시 가서 가져오지 말고 나그네와 고아와 과부를 위하여 남겨 두라. 그리하면 네 하나님 여호와께서 네 손으로 하는 모든 일에 복을 내리시리라 네가 네 감람나무를 떤 후에 그 가지를 다시 살피지 말고 그 남은 것은 객과 고아와 과부를 위하여 남겨 두며 네가 네 포도원의 포도를 딴 후에 그 남은 것을 다시 따지 말고 객과 고아와 과부를 위하여 남겨 두라"(신 24:19-21).

구약 시대에 이 규례로 혜택을 입은 여자가 있는데, 바로 룻이다. 룻은 가난한 여자로서 보아스의 밭에서 일꾼들을 따라 다니면서 이삭을 주워 생계를 이어 갔다.

우리는 성경 여러 곳에서 보았듯이(시 12:5, 14:6, 68:10, 69:33, 109:31, 140:12; 사 25:4, 41:17), 여기서도 하나님이 가난한 이웃과 정착하지 못한 이방인에게 얼마나 큰 관심을 갖고 계신지를 알 수 있다. 이러한 규칙을 오늘날에 적용하여 생각해 보면, 우리 재산의 일부는 의무적으로 가난한 자를 위하여 사용해야 함을 배울 수 있다. 또 돈을 벌더라도 그 이익금의 일부를 가난한 자를 위하여 의무적으로 사용해야 한다는 것을 깨달을 수 있다.

예수님께서도 도움이 필요한 이웃을 도운 행위는 예수님께 한 것과 같으며, 반대로 돕지 않는 행위는 예수님을 외면한 것과 같다고 말씀하셨다(마 25:34-45). 이는 이웃과의 관계가 곧 하나님과의 관계로 직결된다는 사실을 알려 주시려는 중요한 말씀이다.

성경은 일반적으로 사람들이 생각하는 것과는 달리, "주는 것이 받는 것보다 복이 있다"(행 20:35)고 말한다. 왜냐하면 구제와 나눔은 일방적으로 주는 사람의 손해나 희생이 아니라 주는 자와 받는 자 모두가 유익을 누리는 길이기 때문이다.

받는 자에게 유익이 있다는 것은 당연한데, 주는 자에게는 어떤 유익이 있다는 말일까? 주는 사람에게는 하늘에 보화를 쌓는 길이며, 하나님의 사랑을 누군가에게 전달하는 축복의 통로로서 하나님께 쓰임 받는 길이 된다. 즉 없어져 버릴 이 땅의 것을 영원하고도 영광스러운 상급으로 바꿀 수 있다는 뜻이다(마 6:20).

5. 채권자의 몫

● 왕하 4:7

그 여인이 하나님의 사람에게 나아가서 말하니 그가 이르되 너는 가서 기름을 팔아 빚을 갚고 남은 것으로 너와 네 두 아들이 생활하라 하였더라.

* 하나님은 청지기가 먼저 빚을 갚기를 원하신다.

위의 말씀은 빚에 시달려서 두 아들까지 종으로 팔릴 위기에 처했던 가난한 과부가 하나님의 사람 엘리사가 베푼 기적으로 인해 많은 기름을 얻게 된 이야기다(왕하 4:1-7). 그때 엘리사는 과부에게 채권자의 빚을 우선 갚고, 남은 것으로 생활하라고 명했다. 이것이 바로 하나님의 뜻이다. 하나님의 청지기라면 빚을 떼먹으려는 어떠한 시도도 하지 말아야 한다는 것이다.

한마디로 빚은 우리가 최우선적으로 해결해야 할 돈이다. 그러므로 빚이 있다면 수입의 많은 부분을 빚 갚는 데 우선적으로 할애해야 한다. 빚 갚는 일은 억울한 일이 아니다. 어떤 식으로든 내가 일으킨 일이기에 내가 해결하는 것이 당연하다.

6. 고용인의 몫

● 레 19:13

[현대인의 성경]

너희는 다른 사람을 학대하거나 남의 것을 강탈하지 말며 너희가 고용한 품꾼의 삯은 그날로 지불하고 하룻밤을 넘기지 말아라.

* 고용주는 고용인의 임금을 우선적으로, 그리고 공정하게 계산해 주어야 한다.

청지기는 마땅히 피고용인에게 주어야 할 임금을 반드시 주어야 한다. 어떤 고용주는 약속된 임금을 주는 것을 아까워한다. 이는 악한 생각이다. 내 것이 아닌 것을 내 것으로 여기는 부당한 생각이다.

위 본문은 품꾼의 것을 강탈하거나 주어야 할 임금을 주지 않고 약속된 날을 넘겨서는 안 된다고 강조하고 있다. 오늘날 한국의 기업인 중에는 노동자, 특히 비정규직이나 제3세계 외국인 노동자처럼 법의 사각지대에 있는 노동자들에게 죄를 저지르고 있는 사람이 많다. 법을 악용하여 강자로서 약자에게 주어야 할 마땅한 노동력의 대가를 착취하는 경우다. 이는 하나님의 말씀을 정면으로 거부하는 행위다.

야고보는 지주들이 소작인을 압제하고 그 정당한 임금을 지불하지 않았음을 지적하고 있다. "보라 너희 밭에서 추수한 품꾼에게 주지 아니한 삯이 소리 지르며 그 추수한 자의 우는 소리가 만군의 주의 귀에 들렸느니라"(약 5:4).

본래 임금은 당일에 지불되어야 하는데도(레 19:13; 신 24:15) 이를 시행치 않았으며, 그럴 경우 불의한 재물이 소리를 지르고 억울함을 당한 노동자의 비통한 소리가 되어 하나님께 상달되었다는 의미다. 당시의 노동자들이 힘든 일에 비해 매우 적은 품삯을 받았고, 그 임금으로 간신히 살아가야 했는데도, 부자들은 이러한 가난하고 약한 자들이 받을 품삯마저 착취하여 얻었다. 착취에 의한 보물은 실로 무익하며(잠 10:2), 결국은 하나님의 심판을 받게 된다(잠 1:19, 10:16).

"고용주는 임금을 제대로 주어야 한다"는 이 말은 꼭 사업자뿐 아니라 일반 사람에게도 해당되는 말이다. 다른 사람에게 심부름이나 일을 시켰으면 그에 합당한 품삯을 주어야 한다. 한국인들은 공짜를 너무 좋아해서 "고맙다"는 말 한마디로 끝내 버리거나 식사 한번 대접하는 것으로 삯을 대신 지불하려 한다.

고용주는 직원 고용의 선별 기준은 까다롭게 하되, 고용한 후에 임금을 지불할 때는 직원들을 향해 고마운 마음을 충분히 보여 주는 것이 좋다. "내가 직원들을 먹여 살린다"는 태도가 아닌, "여러분이 있어 이 사업장이 운영된다"는 태도로 직원들을 대하라는 것이다. 그러면 그 마음의 진심이 직원들에게 반드시 전달되고, 일에 대한 그들의 의욕이 높아질 수밖에 없다.

부자 중에는 가난한 노동자의 노동력을 착취해서 부를 얻게 된 경우가 많다. 물론, 사업이 경쟁력을 가지려면 임금이 낮아질 수밖에 없다. 그러나 그 낮은 임금을 받고 밤낮 없이 일하는 노동자 한 사람 한 사람의 가정에선 피눈물을 흘린다. IMF 구제 금융 등과 같은 절대적 위기 상황 앞에 "지금은 우리 사업체가 어려울 때니 다 같이 고통을 분담하자"는 이해를 구했을 때, 사업주까지도 기꺼이 그 고통 분담에 참여한다면 바람직할 것이다. 반면 사업주는 여전히 잘 먹고 잘살면서 직원들에게는 급여 삭감이나 인력 감축 따위를 대책으로 내세운다면 그 고통은 고스란히 직원에게만 돌아간다. 그런 사업장에는 직원들의 파업이나 투쟁이 빈번하게 일어날 수밖에 없다.

교회나 기독교 단체에서 직원을 고용할 경우, 하나님의 이름으로 봉급을 지나치게 낮게 책정하거나, 그들의 헌신과 희생을 일방적으로 강요하는 경우를 자주 본다. 그러나 직원 입장에서 보면 교회가 직장이고 그 기독교 단체가 일터다. 따라서 고용주의 입장에서는 그들이 경제적으로 궁핍하지 않도록 배려해 주어야 한다. 그들의 신앙이나 헌신하는 마음을 이용하지 말고 다른 직장과의 형평성, 개인의 능력에 따라 적절하게 사례를 해야 한다는 것이다.

고용주는 항상 직원들과 더불어 살려는 자세를 가져야 한다. 사업주가 이런 자세를 갖고 있으면 때로는 월급이 적게 나와도 고용주의 욕심 때문이 아니라 회사 사정이 어렵기 때문에 취해진 조치임을 직원들이 더 잘 안다. 그런 회사의 직원들은 회사의 사정이 어려워지면 회사를 다시 일으키기 위해 자발적으로 희생하고 헌신한다.

반면 고용주 가운데 적선하듯이 거드름을 피우며 수고에 대한 대가를 지불하는 태도를 보이는 사람이 있다. 이는 스스로 자신의 가치를 하락시키는 행위다. 고마운 마음을 담아 물질을 건네면 받는 상대방은 그 마음 때문에 더욱 고마워하지만, 오만불손한 태도로 돈을 건네면 상대방은 마음속으로 비난한다.

진정한 경영인이라면 사업체가 활발하게 운영되는 이유를 자신의 비상한 머리나 경영 능력에서 찾지 않는다. 여객기 한 대가 제대로 움직이려면 기장의 예리한 판단력과 실력도 있어야 하지만 스튜어디스 한 사람의 친절과 서비스도 반드시 뒤따라야 한다. 목적지까지 손님들을 편안하고 안전하게 모시고 가야 할 책임이 기장과 스튜어디스 모두에게 있기 때문이다. 따라서 진짜 유능한 기장은 목적지에 도착했을 때 "수고하셨어요, 기장님"이라는 스튜어디스의 말에 "그대들이 있어 안전 운행을 할 수 있었다오"라고 대답할 줄 아는 사람이다.

한 사람의 직원을 거느리고 있든 1000명의 직원을 거느리고 있든, 누군가에게 어떤 일을 시키는 처지에 있다면 다른 사람의 몫(임금)을 확실하게 지불한다는 원칙을 잊지 말라. 결국 이 원칙은 내 사업체와 나의 일을 성장시키는 데 도움을 줄 것이다.

02 구제의 영적 의미

1. 하나님에 대한 사랑

● 요일 3:17-18

누가 이 세상의 재물을 가지고 형제의 궁핍함을 보고도 도와줄 마음을 닫으면 하나님의 사랑이 어찌 그 속에 거하겠느냐 자녀들아 우리가 말과 혀로만 사랑하지 말고 행함과 진실함으로 하자.

재물을 가지고 남을 돕지 않는 사람을 가리켜 하나님의 사랑이 그 속에 있다고 말할 수 없다. 왜냐하면 하나님의 사랑이 그 속에 있다면 마음이 변화하지 않을 수가 없기 때문이다. 또 사람이 얼마나 구제를 잘 하느냐의 여부만 보고도 그 사람 속에 하나님의 사랑이 얼마나 거하나 있는지를 알 수 있다. 즉 구제는 하나님의 사랑의 척도인 것이다. 예수님도 "그의 열매로 그들을 알리라"고 말씀하셨다. 우리는 물질을 이웃과 나누며 하나님의 사랑과 은혜를 나누게 된다. 이렇게 나누는 행위를 통하여 내가 축복의 통로, 은혜의 통로가 되어 가는 것이다. 이러한 나눔을 보고 예수님은 "여기 내 형제 중에 지극히 작은 자 하나에게 한 것이 곧 내게 한 것이니라"(마 25:40)고 칭찬하셨다.

2. 하나님께 드리는 예배

● 히 13:16

오직 선을 행함과 서로 나누어 주기를 잊지 말라 하나님은 이같은 제사를 기뻐하시느니라.

여기서 히브리서 저자는 선행과 구제를 열심히 하는 것이 하나님이 기뻐하시는 제사 행위와 다름없다고 가르친다. 이러한 제사는 선행과 구제가 결여된 채 하나님 앞에 형식적인 제사를 드림으로써 책망을 받았던 이스라엘의 행위와는 대조를 이룬다(사 1:10-17). 선행과 구제가 동반되지 않는 예배는 하나님이 기뻐하시지 않는다. 선행과 구제가 뒤따르는 예배만이 하나님이 기뻐하는 예배다. 하나님이 기뻐하시는 예배 그 자체가 바로 선행과 구제인 것이다.
빌립보 성도들이 에바브로디도를 통해 바울에게 전해 준 물질은 그가 필요로 하는 만큼을 풍족하게 채워 주었다. 바울은 이 물질을 하나님께서 기쁘게 받으실 만한 향기로운 제물이라고 말하고 있다(빌 4:18). 그가 이처럼 말한 것은, 마태복음 25장 40절에서 예수님이 가르쳐 주셨듯이, 주님의 성도에게 도움을 준 것은 곧 주님께 드려진 것과 마찬

가지기 때문이다. 여기서 향기로운 제물은 아벨의 제물(창 4:4), 노아의 제물(창 8:21), 화목제(레 7:12-15), 그리고 자신을 향기로운 제물로 드리신 예수 그리스도(엡 5:2), 하나님이 기뻐하시는 산 제물로 드려져야 할 성도들(롬 12:1)과 비교해서 생각할 수 있다.

하나님이 기뻐하시는 것은 제물의 종류가 아니라 그 제물을 드리는 자의 마음 자세, 곧 믿음이다. 하나님이 아벨의 제사는 기쁘게 받으시고, 가인의 제사는 받지 않으신 이유는, 아벨은 하나님께 대한 올바른 믿음으로 제사를 드렸지만, 가인은 믿음 없이 드렸기 때문이다(히 11:4).

또한 바울은 빌립보 성도들에게 하나님이 필요로 하는 모든 것을 풍성하게 채워 주실 것이라고 확신시키고 있다(빌 4:19). 이처럼 바울은, 그들이 자신의 필요를 채워 주었듯이, 하나님도 그들의 필요를 채워 주실 것이라고 굳게 믿었다. 하나님은 남에게 도움을 주는 사람을 결코 궁핍에 처하도록 하시지 않고, 오히려 그러한 선행을 더 많이 할 수 있도록 채워 주신다(잠 11:25, 19:17).

3. 천국에 미리 쌓아 두는 상급

● 딤전 6:18-19

선을 행하고 선한 사업을 많이 하고 나누어 주기를 좋아하며 너그러운 자가 되게 하라 이것이 장래에 자기를 위하여 좋은 터를 쌓아 참된 생명을 취하는 것이니라.

구제와 나눔은 머지않아 갈 천국에서 받을 상급을 미리 준비하는 것이다. 예수님은 "너희를 위하여 네 보물을 하늘에 쌓아 두라"(마 6:20)고 말씀하신다. 그리고 지극히 작은 자, 즉 주리고, 목마르고, 나그네 되고, 헐벗은 자를 돌보는 자가 바로 예수님을 돌본 자로서 영원한 생명을 얻게 될 의인이요, 이들을 돌아보지 않는 자는 예수님을 돌아보지 않는 자로서 영원한 형벌을 받을 불의한 자라고 말씀하신다(마 25:31-46). 하늘에 물질을 가지고 투자하는 것은 지혜로운 일이요 오늘을 살면서 천국의 상급을 준비하는 것이다.

잠언 19장 17절은 다음과 같이 말한다. "가난한 자를 불쌍히 여기는 것은 여호와께 꾸어 드리는 것이니 그의 선행을 그에게 갚아 주시리라." 가난한 자를 돕는 행위는 하나님께 축복을 받는 비결이기 때문에, 하나님께 빌려 주는 일과 마찬가지다. 하나님은 이러한 도움을 직접 자기가 받은 것으로 간주하고 보답하시는 것이다.

03 ●●● 청지기의 사회 윤리

1. 노블리스 오블리제(Noblesse Oblige)

노블리스 오블리제란 '갖지 못한 자' 들에 대한 가진 자의 사회적 책임과 의무를 뜻한다.

● 고전 4:7

네게 있는 것 중에 받지 아니한 것이 무엇이냐 네가 받았은즉 어찌하여 받지 아니한 것같이 자랑하느냐.

재물을 많이 가진 자는 하나님께서 남들에 비해 더 많은 것을 위임하고 맡긴 사람이다. 그럴수록 맡은 자로서 사회와 이웃에 대한 책임이 더 막중함을 잊지 말아야 한다.

노블리스 오블리제는 프랑스어로서 '가진 자의 도덕적 의무', 즉 높은 사회적 신분에 상응하는 도덕적 의무라는 뜻으로 쓰이는 말이다. 이 말은 초기 로마 시대에 왕과 귀족들이 보여 준 투철한 도덕의식과 솔선수범하는 공공 정신에서 비롯되었으며, 오늘날 유럽 사회 상류층의 의식과 행동을 지탱해 온 정신적인 뿌리라고 할 수 있다.

신분이 높은 사람일수록 더욱 도덕적이고 정직하며 청렴해야 하고, 사회에 더 많은 헌신을 해야 할 의무를 가진다. 학식이 많은 사람일수록 그 배움을 통해 얻고 깨달은 지식으로 가지지 못한 자들을 섬길 의무가 있다. 돈을 많이 번 사람은 그 번 돈을 가지고 그 돈을 함께 벌기 위하여 고생한 노동자에게 나누어 주어야 할 의무를 지니며, 나아가 사회를 위하여 보다 의미 있고 보람 있는 곳에 돈을 써야 한다. 권력이나 기득권을 가진 자는 그렇지 못한 자들을 바르게 섬기며 낮아지고 헌신할 때 진정한 노블레스 오블리제가 형성될 것이다.

세계 두 번째 부자인 워렌 버핏(Warren Edward Buffett)이 최근 370억 달러에 해당하는 어마어마한 재산을 사회에 환원했다. 440억 달러에 이르는 총재산 가운데 370억 달러를 기부한 것이다. 그런데 놀라운 일은 자신도 자선 재단을 가지고 있는데도, 총기부액 370억 달러 가운데 300억 달러를 빌 게이츠가 운영하는 빌 앤 멜린다 재단에 기부했다는 것이다. 자기가 운영하는 재단보다 빌 게이츠가 운영하는 재단이 더 훌륭하다고 판단했기 때문이 아닌가 싶다. 워렌 버핏이야말로 노블리스 오블리제의 정신을 실천한 참으로 훌륭한 사람이다.

예수님 역시 진정한 노블리스 오블리제를 실천하신 분이다. 자신이 하나님의 아들임을 스스로 포기하고 이 땅의 낮은 자들, 죄 있는 자들을 위하여 스스로 낮아지심은 최고의 노블리스 오블리제를 보여 주신 것이라 할 수 있다. 우리도 예수님을 닮아서, 삶 가운데 여러 가지로 의미를 살펴보고 크든 작든 나름대로의 사회적 · 신앙적으로 책임감을 가지고 자신이 가진 달란트를 통해 봉사하고 헌신해야 할 것이다.

잘사는 사람은 남을 잘살게 한다

잘사는 사람의 특징 중의 하나는 자기도 잘살지만 남도 잘살게 하는 사람이라는 점이다. 하나님께서는 "너 혼자 잘 먹고 잘살다가 천국으로 오라"고 말씀하시지 않는다. 더불어 사는 세상에서 이웃에게 관심을 가지고 그들을 돌아보라고 끊임없이 말씀하신다. 하나님의 이 말씀에 비추어 볼 때, 잘사는 것이란 하나님의 말씀대로 이웃을 돌아보고 남을 살리는 삶을 뜻한다고 볼 수 있다.

실제로 우리는 배고픈 이웃을 배불리 먹이고, 슬픈 영혼을 따뜻하게 감싸 안는 사람을 보면 존경의 눈길을 보내게 된다. 평범한 우리와는 좀 더 다른 여유를 그 사람에게서 느낄 수 있다. 매일 한푼 두푼에 연연해 살아가는 그런 수준의 삶이 아님을 느낄 수 있다. 그런 사람에게는 많은 돈보다 더 귀한 큰 사랑이 있기 때문일 것이다.

몇 년 전에 지미 카터(Jimmy Carter) 전 미국 대통령이 우리나라에 와서 집 없는 사람들에게 집을 지어 주는 해비타트 운동을 소개함으로써 이 운동이 널리 알려지는 계기가 된 적이 있다. 해비타트 운동은 30년 전에 밀러드 풀러(Millard Fuller)라는 사람에 의해 시작되었다. 그는 가난한 크리스천 집안에서 태어나 가난 때문에 어릴 때부터 친구들에게 따돌림을 당하는 등 많은 상처를 받으며 자랐다. 그래서 부유한 집안에서 자라는 친구들을 볼 때면 너무나 부러웠다. 그러나 그는 가난을 딛고 열심히 공부해서 훗날 변호사이자 사업가로 성공하게 되었고, 호화로운 대저택에 살면서 날마다 파티를 즐기며 살았다. 그런데 어느 날, 신실한 신앙인이었던 그의 아내 린다가 "이렇게 사는 것이 무슨 의미가 있나요?"라는 쪽지 한 장을 남겨 놓고 가출했다고 한다. 이때 풀러는 충격을 받고 새로운 결심을 하게 되었다. 그는 자기 집 한 채만 남겨 놓고 모든 재산을 복지 재단에 기부하고는 아내와 함께 아프리카로 가서 3년간 선교사로 봉사했다. 그리고 다시 돌아와서 해비타트 운동을 시작했다.

풀러는 해비타트 운동을 시작한 이후 30년 동안 무주택자들을 위해 10만 채에 이르는 집을 지었다고 한다. 그리고 5년 안에 10만 채를 더 짓겠다고 포부를 밝혔다. 그도 참으로 노블리스 오블리제를 실천한 사람이다.

참고

개인의 이기적인 모습도 문제지만 집단 이기주의는 더욱 큰 문제다. '내 뒷마당에서는 안 된다' 는 님비(NYMBY: Not in my back yard) 현상은 오늘날의 만연한 집단 이기주의를 잘 표현하는 말이다. 지역 주민들이 자기가 사는 지역에 장애인이나 양로원 시설 등이 들어오면 집값이 떨어질까 봐 반대 시위를 하는 것이 바로 대표적인 님비 현상이다. 그런가 하면 님비와는 반대로 '제발 내 앞 마당에 설치하라' 는 뜻인 핌피(PYMFY: Please in my front yard) 현상도 있다. 이것은 좋은 시설을 자기 지역에 유치하기 위한 집단 이기주의를 말한다.

2. 하나님은 소출이 많은 부자 농부를 어리석은 자라고 말씀하신다.

● 눅 12:19-21

또 내가 내 영혼에게 이르되 영혼아 여러 해 쓸 물건을 많이 쌓아 두었으니 평안히 쉬고 먹고 마시고 즐거워하자 하리라 하되 하나님은 이르시되 어리석은 자여 오늘 밤에 네 영혼을 도로 찾으리니 그러면 네 준비한 것이 누구의 것이 되겠느냐 하셨으니 자기를 위하여 재물을 쌓아 두고 하나님께 대하여 부요하지 못한 자가 이와 같으니라.

인간은 타락함으로 선한 청지기직을 버리고 이기적으로 되어 버리고 말았다. 즉 타락한 인간은 죄 된 성품에 따라 더 이상 주인 되신 주님의 뜻만을 위하여 살려고 하지 않게 되었고, 재물을 자신만을 위해 무작정 축적하게 되었고, 탐욕적으로 소비하고 낭비하고 있는 것이다. 성경에서 주인의 뜻에 합당하지 않는 무작정의 비축, 낭비와 탐욕은 엄하게 정죄되고 있다(암 6장).

위 본문의 농부는 본래 부자였는데 농사가 더욱 성공하자 곡간을 허물고 더 크게 지을 계획을 세웠다. 거기에 모든 곡식과 물건을 안전하게 보관한 후에 인생을 편하게 살면서 즐길 궁리만 했다. 그에겐 하나님과 이웃에 대한 관심이 없어 보였다. 또한 늘어난 부를 어떻게 할 것인지에 대한 진지한 성찰도 없어 보였다. 그는 자신만을 위한 보물을 쌓아 두는 사람이었다. 이웃의 가난과 고통을 외면한 채 사적 향유만을 위해 사용되는 물질적 풍요는 하나님의 축복에 해당되지 않는다. 그는 재물만 많이 가지고 있으면 행복이 영원히 보장되는 줄 알았다. 하지만 그는 재물의 풍성함도, 자신의 생명도 모두 하나님의 주권에 달려 있는 줄을 미처 몰랐다. 그는 하나님과 이웃에 대해서 전혀 관심을 두지 않고 오로지 자신의 즐거움만을 생각했다.

본문에서 그 농부가 불의하게 재산을 축적했다는 말은 없다. 그러나 그는 자신을 위해 재산을 축적하는 잘못을 범했다. 이러한 자신만 아는 이기주의적인 농부를 예수님은 "어리석은 자"라고 말씀하셨다. 그리고 자신만을 위하여 탐욕스럽게 재물을 쌓아 두지 말고 하나님께 대하여 부요한 자가 되라고 권면하셨다.

04과
재물의 속박에서 벗어나기

⟫ 들어가면서

하나님의 은혜를 받는 것도 중요하다. 그러나 더 중요한 것은 받은 은혜를 잘 지켜 나가는 일이다. 그런데 이러한 은혜 안에서의 생활을 방해하는 요소 가운데 하나가 바로 돈이다. 하나님은 우리의 삶을 더욱 풍성하게 하기 위하여 재물을 사용하신다. 그러나 사탄은 우리를 노예로 만들기 위해 재물을 이용한다.

많은 크리스천이 돈으로 인한 근심과 염려 때문에 정신적으로 압박당하며, 신앙생활에도 큰 지장을 받고 있다. 신앙생활을 잘해 보려고 하고, 하나님과 신실한 관계를 유지하려고 노력하지만 재물 때문에 어려움을 겪게 되는 것이다. 우리는 돈의 속박에서 벗어나야 한다. 그래야 하나님과의 신실한 관계를 유지할 수 있을 뿐더러 인생의 생생한 기쁨을 누릴 수 있기 때문이다.

재물 문제 때문에 하나님으로부터 멀어진다면, 그 진행 속도와 방법의 차이일 뿐 결국 재물이란 인간을 하나님으로부터 떼어 놓는 사탄이나 다를 바가 없다. 어떤 사람은 너무 가난해서 돈의 노예가 된다. 그러나 어떤 사람은 오히려 너무 부유해서 재물의 노예가 되기도 한다. 그러므로 중요한 것은 돈이나 재물의 많고 적음이 아니라 돈과 재물에 대한 신앙적 자세와 태도다.

생활이 어렵기 때문에 어쩔 수 없이 돈의 노예가 되었다 생각하지 말자. 또는 관리해야 할 재물이 많기 때문에 어쩔 수 없이 재물의 속박을 받을 수밖에 없다고 핑계 대지 말자. 돈에 대한 잘못된 자세와 재물에 대한 잘못된 태도 때문에 돈과 재물의 노예가 되고 속박당한다는 사실을 겸손히 인정하고 우선 스스로를 다시 점검해 보는 것이 좋다.

4과 재물의 속박에서 벗어나기

01 증상을 파악하면 대처도 빠르다

환자가 자신의 질병으로 인한 증상을 자각하지 못하거나 무시하면 결국 병을 키우게 되는 것처럼, 위기에 처한 경제적 증상을 자각하지 못하거나 대수롭지 않게 여기면 결국 가망 없는 지경까지 이르고 만다. 그러므로 평소에 경제적 위기 증상을 살펴보는 일은 매우 중요하다. 경제생활에서도 언제나 겸허한 자세로 우리에게 나타나는 증상들을 조목조목 살펴본 후 증상에 맞게 처방하는 태도를 견지할 일이다.

경제적 위기의 증상을 파악하기 위해 다음 몇 가지 설문 항목을 준비했다. 솔직하게 체크해 보자.

번호	재물의 속박을 받는 증상들	체크란
1	빚이 늘어 가고 있다.	
2	신용카드를 돌려 막기 하고 있다.	
3	각종 청구서나 고지서를 기한 내에 지불하지 못할 때가 많다.	
4	돈에 대한 집착이나 소유욕이 강한 편이다.	
5	복잡한 돈 문제에 얽매여 있다.	
6	각종 투자에 대해 늘 신경 쓰고 염려하고 있다.	
7	돈과 관련해서 배우자를 속이는 것이 있다.	
8	가정 경제에 대해 부부가 의논하지 않고 한쪽이 장악한다.	
9	배우자의 지나친 낭비벽 때문에 불만이 많다.	
10	자녀 교육비가 지나치게 부담스럽다.	
11	돈 버느라 가족과의 친밀감이 떨어졌다.	
12	돈 문제로 배우자 또는 가족과 자주 다툰다.	
13	충분히 벌고 있다고 생각하지만 가정 경제가 나아지지 않는다.	
14	십일조 또는 헌금이 아깝게 여겨진다.	
15	실패(실직, 부도 등) 직전이거나 이미 실패했다.	
16	가정 경제가 좋아지리라는 기대도 의욕도 없다.	
17	돈 때문에 다른 사람을 속이고 있다.	
18	빨리 성공해야 한다는 강박관념이 떠나지 않는다.	
19	재정 문제로 인하여 누군가를 비난하거나 원망하고 있다.	
20	자신의 재정적 능력을 지나치게 자신하고 있다.	

위의 항목 중 한 가지라도 자신에게 해당되는 문항이 있다면 재물의 속박을 받는 가능성이 있는 것이므로 대비해야 한다.

자신이 체크한 문항들의 공통점이 무엇인지 검토해 보는 것도 필요하다. 인간관계, 부부관계, 가족관계에 해당되는지, 혹은 돈 벌기나 쓰기와 관련된 항목인지, 직장이나 사업, 도덕성, 신앙 등과 관련된 문제인지 등 공통 분야를 파악해 보면 경제생활에서 자신의 문제점이 무엇인지 스스로 가늠해 볼 수 있다.

02... 인간관계를 회복하라

경제적 위기 증상을 분석해 보면, 돈 문제뿐만 아니라 인간관계의 문제도 관련되어 있는 경우가 대부분이다. 인간관계로 인해 경제적 위기가 찾아오는가 하면, 반대로 경제적 위기로 인해 인간관계에 문제가 생기는 경우도 있다. 이 모두 경제 활동이라는 것 자체가 복잡하게 얽힌 인간관계와 연관되어 나타나는 활동이기 때문이다. 돈만 있다고 해서 문제가 근본적으로 해결되는 것은 아니다. 결국 물질의 속박에서 벗어나려면 돈뿐만 아니라 인간관계의 문제도 동시에 해결되어야 하는 것이다.

이제 회복해야 할 인간관계의 원리에 대해 알아보도록 하자.

● 약 3:17-18

오직 위로부터 난 지혜는 첫째 성결하고 다음에 화평하고 관용하고 양순하며 긍휼과 선한 열매가 가득하고 편견과 거짓이 없나니 화평하게 하는 자들은 화평으로 심어 의의 열매를 거두느니라.

1. 나와 자신과의 관계

가장 사랑해야 할 자신을 미워하거나 무시하는 사람은 결코 성공적인 삶을 살 수 없다. 어떤 사람은 경제적 위기가 닥쳐왔다는 이유로 스스로를 미워하고 원망하는가 하면, 어떤 사람은 자신을 비하하고 무시하다 보니 경제적 위기를 맞이하기도 한다. 어느 쪽이 먼저든 자신을 용서하고 사랑함으로써 자기 자신과 화해하지 않으면 이 위기를 벗어나기 어렵다.

자기 자신과의 관계를 회복하기 위해서는 하나님의 눈으로 자신을 바라보는 관점이 필요하다. 하나님께서는 나보다 더 나에 대하여 속속들이 아신다. 나의 실수와 죄, 악한 의도까지도 나보다 훨씬 잘 아신다는 말이다. 그런데 하나님께서 내가 나 자신을 사랑하는 것보다 훨씬 더 나를 사랑하신다는 사실을 아는가? 그것도 내가 "아직 죄인 되었을 때"(롬 5:8)조차도 말이다. 이처럼 거룩하시고 전지전능하신 하나님께서 나를 사랑하고 용서하신다는데, 내가 나를 용서할 수 없고 사랑할 가치가 없다고 한다면 그것만큼 교만한 태도도 없다.

하나님께서는 보잘것없는 나를 언제나 믿어 주신다. 우리는 하나님을 믿을 만한 분이기 때문에 믿지만 하나님께서는 믿을 만하지 못한 나를 늘 믿어 주신다. 그분은 여전히 내게 있는 실패의 가능성과 죄성을 다 아시지만, 그보다는 내 안에 숨어 있는 성공의 가능성과 내게 심어진 하나님의 형상에 더 집중하시기 때문이다.

나 자신을 사랑하고 용서하는 것은 경제적 위기 극복을 위해서뿐만 아니라 성공적인 인생을 위해서 반드시 필요한 결단이다. 자신에게 사랑과 용서의 손을 내밀라. 하나님의 시선으로 나 자신을 바라보라. 하나님께서는 그것을 원하신다.

2. 배우자, 부모, 자녀, 친형제 같은 가족과의 관계

경제적 문제와 관련해서 가족과 갈등 상황에 있다면 반드시 관계를 회복해야 한다. 어떤 사람은 돈과 가족을 저울질하며 자신의 유익을 위해 필요하다면 가족과의 대립마저도 불사하는 경우도 있다. 그러나 가족은 선택 사항이 아니라는 사실을 가슴에 새겨야 한다. 돈은 가족을 위해 필요한 수단에 불과한 것이다. 가족이 돈을 위해 희생되어도 된다는 생각을 결코 용납해서는 안 된다.

우리는 아무리 악한 사람이라도 가족과의 본능적 일체감을 끊을 수 없음을 부인하기 어렵다. 그렇기 때문에 돈을 위해 가족을 희생한다면 결국 자신도 불행해질 수밖에 없다. 또한 가족이 화합하지 않으면 경제적 위기를 극복하기 어려울 뿐만 아니라, 극복한다 하더라도 별 의미가 없다. 그러나 가족이 화합하면 경제적 위기 극복이 큰 의미가 있을 뿐만 아니라 강한 동기 부여가 되므로 한결 쉽게 극복할 수 있다. 그러므로 나로 인해 경제적 위기가 왔다면, 이를 숨기지 말고 가족들에게 사실을 알리고 용서를 구하는 태도가 위기 극복의 지름길이다. 가족은 고통과 기쁨의 연대 관계에 있으므로 내가 경제적 위기를 맞으면 함께 고통을 겪을 수밖에 없는 존재다. 비록 위기가 왔다 하더라도 진심 어린 사과와 재기에 대한 의지를 보여 주면 가족들의 짐 또한 한결 가벼워질 것이다.

또한 내가 아닌 가족 중 누군가에 의해 경제 위기가 왔다면, 그 가족을 원망하고 질타하기보다는 격려와 위로로 그를 세워 줄 일이다. 내가 하는 축복과 저주의 말은 내 가족을 일으켜 세우기도 하고 사슬로 묶어 버리기도 한다. "내 그럴 줄 알았다. 네가 하는 일이 항상 그 모양이더라" 하는 식으로 원망을 쏟아 놓으면 내 가족은 그 말에 묶여 일어설 힘이 없어지지만, "너는 반드시 하나님께서 도와주셔서 큰일을 해낼 거라 믿는다"는 식으로 말해 준다면, 그 축복의 말이 가족을 일으키는 생명의 씨앗이 된다.

보다 적극적으로, "내가 너를 위해 더 기도해 주지 못해 미안하다. 이제는 너의 변함없는 기도 후원자가 되겠다. 너는 반드시 잘될 거야"라고 말해 줄 수 있다면 그 가정의 위기는 벌써 반쯤은 극복한 셈이다. 어떤 위기라 해도 가족 간에 막힌 담을 헐고 동역의 관계가 되면 위기는 축복의 기회로 다가온다.

돈 문제에 대하여 부부가 서로 대화해야 한다

돈으로 인한 부부간의 갈등이나 불화는 서로 믿지 못하는 불신에서 비롯된다. 이러한 불신을 해소하고 신뢰 관계를 만들어 가기 위해 가장 먼저 해야 할 일이 부부간의 대화다. 부부 사이의 대화 단절만큼 가정을 병들게 하는 것은 없다. 왜냐하면 부부가 서로 마음을 터놓고 이야기할 수 없다는 것은 그만큼 신뢰를 쌓거나 친밀해질 기회가 줄어든다는 의미기 때문이다. 부부간의 대화가 단절될수록 관계는 심각한 국면에 빠지게 되며, 그러한 상황 속에서 서로를 신뢰한다는 것은 거의 불가능해진다. 불신은 주로 오해에서 비롯되는데, 돈 문제에 대한 작은 오해가 섭섭함이나 미움으로 발전해서 나중에는 부부간에 큰 담을 쌓는 경우가 있다. 이러한 상황을 방지하기 위해서도 부부간의 대화는 반드시 계속되어야 한다.

부부 사이의 효과적인 대화를 위해서는 꼭 필요한 전제 조건이 있다. 그것은 말하는 사람의 정직성과 듣는 사람의 경청하는 자세다. 정직하고 진실한 대화는 자신을 상대방에게 이해시킬 뿐만 아니라 냉담했던 마음을 녹여 주고 오해도 풀어 주게 된다. 그 결과 부부가 서로 이해하고 용납하며 인정하게 된다. 심리학자의 말에 의하면 사람은 남이 아니라 가족들로부터 가장 많은 마음의 상처를 받는다고 한다. 돈 문제로 인하여 생긴 부부간의 불신, 섭섭함이나 미안함 등 하고 싶은 말을 가슴에 묻어 두지 말고 서로 이야기해야 한다.

또 하나 중요한 것은 서로가 마음을 터놓고 이야기할 수 있는 분위기와 자세다. 진정한 대화는 서로의 의견을 주기도 하고 받기도 하는 상호 작용이다. 남편의 지나친 권위주의나 우월감은 아내가 대화 대신 침묵을 하게 만든다. 상대방을 무시하지 말고 인정하고 수용하려는 자세를 가져야 한다. 이런 태도와 분위기가 바탕이 되어야만 두 사람이 가졌던 갈등과 불화의 관계는 신뢰와 화해의 관계로 바뀌어 갈 수 있다.

많은 가정이 생활비, 주택비, 자녀 교육비, 과외비, 상조비, 적금, 휴가비 등 가계부에 관련된 여러 가지 문제를 안고 있다. 이런 재정 문제에 대해 부부가 서로 의견을 교환하고 공감대를 형성해 가야 한다. 경제 사정이 넉넉지 못한 경우에는 부부가 대화를 통해 서로 위로하고 격려하면서 어려움을 극복하게 되고, 이 과정에서 부부 관계가 더욱 결속하고 서로 신뢰하게 되는 계기를 마련하기도 한다.

그런데 남편이나 아내 둘 중에 어느 한 사람이 일방적으로 가정의 재정을 관리하고 주장하는 가정이 많다. 예를 들어 남편은 돈만 벌어다 주고 모든 일을 아내에게 맡겨 버리는 바람에 돈이 어디에 쓰이는지 전혀 모르는 경우가 있다. 그러다가 불행한 일이 일어나면 그제야 그동안의 무관심을 후회하게 된다. 이런 경우 아내는, "남편이 돈 문제에 전혀 무관심하기 때문에 모든 것을 나 혼자 처리할 수밖에 없었다"고 변명한다. 이와 정반대로, 남편이 돈에 관한 한 모든 일을 관장함으로써 사소한 지출까지도 남편의 허락을 받아야 하는 등 지나친 남편의 간섭과 통제로 인하여 아내에게는 재량권이 전혀 없는 경우도 있다.

재정 문제에서 부부가 서로 대화하고 같이 결정하도록 노력하라. 남편은 이제 돈만 벌어다 주는 기계 역할로 할 일을 다 했다며 방관할 것이 아니라 돈의 사용처에도 관심을 갖고 재정에 관한 문제를 아내와 대화하고 같이 결정하는 자세를 가져야 할 것이다. 이것이야말로 재정 때문에 생기는 부부간의 불신과 갈등을 방지하는 지름길이다.

 부부간에 재정을 분리하지 말라

동업자는 서로가 모든 것을 신뢰하며 이익과 손해도 같이 나누어야 한다. 결혼이 하나님 안에서 남편과 아내 두 사람 사이의 거룩한 동업이라면 부부의 경제생활도 공동으로 다루어져야 한다. 그런데 가정에서 재정과 관련하여 큰 갈등을 빚는 사유 중에 하나가 '내 돈 네 돈' 하며 재정을 서로 나누어 관리하는 태도다. 일반 수입이든 특정 수입이든, 유산이든 모든 수입을 부부가 내 것과 네 것으로 구별하는 것이다. 그뿐만 아니라 가정의 재산도 남편과 아내의 것으로 분리하는 경우도 많다. 어떤 가정은 생활비도 남편과 아내가 반씩 부담하기도 한다.

이와 같이 남편과 아내가 가정의 재정을 나누는 행위에는 "나는 너를 신뢰하지 못한다"는 메시지가 은연중에 포함되어 있다. 서로가 서로를 신뢰하지 못하는 한 그 가정은 결코 행복해질 수 없다. 부부가 서로 신뢰하기 위해서는 모든 것이 공개되어야 하고 모든 것이 합쳐져야 한다. 사탄은 하나가 되고자 하는 두 사람 사이를 돈을 이용해서 이간질한다. 서로 딴 주머니를 차지 말라. 아내 몰래 돈 모으는 남편, 남편 몰래 재산을 숨기는 아내의 모습은 근본적으로 잘못된 것이다. '내 돈 네 돈' 의 태도를 버려야 한다. '내 것이 네 것이고, 네 것이 내 것' 이기 때문이다. 왜냐하면 부부는 하나가 된 두 사람이다. 그리고 성공하는 동업자들은 내 것과 네 것을 구별하지 않고 '우리' 것을 많이 만들어 가는 사람들이다.

3. 동업자, 직장 동료, 거래처 등 사회에서 만나는 사람과의 관계

경제 활동은 사회에서 늘 만나야 하는 사람들과의 관계로 이루어진다. 그러므로 직업적으로 연결된 사람들과의 관계가 깨어지면 경제적 타격으로 이어지는 것은 당연하다. 그러므로 직업적으로 연결된 사람들을 업신여기거나 홀대해서는 안 된다. 그들을 대할 때 나를 살리는 은인이라는 마음으로 대하면 관계에 성공할 수 있다.

또한 이러한 관계를 잘하려면 뱀처럼 지혜로우면서 동시에 비둘기처럼 순결해야 한다(마 10:16). 지혜롭기만 해서도 안 되고, 순결하기만

해서도 안 된다. 이 둘 사이의 중심을 잘 잡아야 훌륭한 청지기로 하나님 앞에 쓰임 받을 수 있다.
또한 직업적 관계에서 중요한 것은 신용을 쌓는 일이다. 믿을 만한 사람이라는 평판을 들을 수 있도록 노력해야 한다는 것이다. 믿을 만한 사람으로 인정받으면 직업적 관계도 쉬워지게 되고, 나아가 경제적 성공의 길도 넓어지게 된다.

03••• 원칙 있는 재정 계획을 세우라

하나님께서는 이미 청지기들에게 재정의 배분, 증식, 관리의 소임을 맡겨 주셨다. 그러므로 신실한 청지기는 지혜롭게 재정 계획을 세워 가정 경제를 경영해야 한다. 그렇다면 무엇을 어떻게 계획해야 할까? 단기 계획으로는 십일조와 생활비, 부채 상환, 납세, 교육비, 과외비, 헌금 등이 있을 수 있고, 장기 계획으로는 은퇴 준비, 자녀 교육비, 결혼 비용, 내 집 마련, 사업 자금 마련, 자동차 구입 등을 들 수 있다. 이 많은 재정 계획 중 굵직굵직한 몇 가지 계획만 좀 더 자세히 살펴보도록 하자.

● 잠 20:5

[현대인의 성경]

사람 마음속의 계획은 깊은 물과 같지만 통찰력을 가진 사람은 그것을 길어 낸다.

1. 생활비 지출 계획

생활비 지출 계획을 세워야 수입과 지출의 균형을 맞출 수 있게 된다. 이 균형이 깨져서 수입보다 지출이 많아지게 되면 빚을 지게 된다. 그러므로 빚을 지지 않으려면 먼저 수입에 맞추어 지출하려는 계획을 세워야 한다. 그리고 이런 계획을 세우게 되면 쓸데없는 지출을 통제하는 데 큰 도움이 된다.

생활비 지출 계획을 세울 때는 먼저 가정의 수입을 고려해야 하겠지만 그 외에 또 한 가지 중요한 과정은 자기 가정이 지켜야 할 생활 기준이나 한계를 올바르게 정해 놓는 것이다. 즉 아무리 돈을 많이 벌어도 어느 수준 이상으로는 지출하지 않겠다는 한계선을 만드는 것이다. 이렇게 생활의 수준과 한계를 분명히 하지 않을 경우 다른 사람이나 주위 환경의 지배를 받으며 살기 쉽다.

무엇보다 자신이 처해 있는 현실을 있는 그대로 보고 받아들이는 지혜를 가져야 한다. 우리 속담에 "뱁새가 황새 따라가려다가 가랑이가 찢어진다"는 말이 있다. 자신의 분수와 처지를 모르고 남들이 가졌으니 나도 가져야 하고, 남들이 하니까 나도 해야 한다는 생각을 갖고 살다 보면 지나친 지출과 소비 때문에 나중에는 심한 물질적 고통과 구속을 받게 된다.

오늘날 많은 젊은 부부들이 신용카드 빚에 시달려서 가정의 행복을 위협받는 것도 자랄 때 부모로부터 올바른 경제 훈련을 받지 못하고 소비 위주의 생활을 하기 때문이다. 그러므로 모든 가정은 수입과 한계선을 감안해서 건전한 생활 계획을 세우고, 또 온 가족이 그 계획대로 살려고 노력해야 한다. 그리고 이러한 노력의 결과는 건강하고 안정된 가정의 모습으로 나타날 것이다.

생활비 지출 계획을 위한 세부 지침은 다음과 같다.

(1) 가정의 총수입을 계산할 것
수입에 따라 생활비 지출 계획이 달라져야 하기 때문이다. 가정의 총수입을 고려하지 않고 지출 계획을 세우는 것은 비합리적이다.

(2) 매달 정기적으로 지출되는 항목(각종 공과금, 세금, 보험금, 저축 등)과 액수를 정리할 것
정기적인 지출 항목과 액수에 대한 파악이 되지 않으면 수입 대비 지출의 균형을 맞추기가 매우 어렵다.

(3) 수입에 따라 적절한 한계선을 정할 것
한계선을 정하지 않으면 어느새 다른 사람들의 소비 수준을 따라가거나 지출 수준이 계속 늘어나게 되기 때문이다.

(4) 가계부를 작성할 것
가계부를 작성하면 불필요한 지출, 과다 지출은 없는지, 계획대로 잘 지출되고 있는지 등 여러 가지를 점검하고 교정할 수 있다.

2. 앞날을 위한 저축 계획

장래를 위하여 일정한 액수를 미리 저축하는 것과 지나친 욕심으로 인해 무작정 쌓아 두는 것은 전혀 다른 문제다. 저축은 불확실한 미래에 대해 재정적으로 준비하는 작업이다. 그러므로 아무런 목적도 없이 무작정 치부만 하는 것은 질적으로 다른 것이다.
많은 가정이 미리 저축하지 않기 때문에 급박한 일이 일어날 때마다 빚을 지게 된다. 비상시를 위한 계획이 없을 경우 가정이 큰 고통을 당할 수 있게 된다. 또한 돈을 벌 수 있는 좋은 기회가 주어져도 저축으로 준비한 것이 없게 되면 아까운 기회를 놓칠 수도 있다. 아무리 적

은 돈이라도 저축하는 마음속에는 기쁨과 희망이 있다. 빚을 지고 있는 가정일지라도 조금씩이나마 저축해야 한다. 성경은 다음과 같이 저축을 권면한다. "지혜 있는 자의 집에는 귀한 보배와 기름이 있으나 미련한 자는 이것을 다 삼켜 버리느니라"(잠언 21:20).

이웃을 돕기 위해서도 어느 정도 여유를 가져야 한다. 빚을 져 가며 이웃을 도울 수는 없기 때문이다. 여윳돈을 마련하기 위해서라도 저축해야 한다. 그러나 명심해야 할 것이 있는데 저축(saving)과 축적(accumulation)은 다르다는 것이다. 즉 어떤 목적을 위해 돈을 저축하며 준비해 두는 것은 좋은 일이지만, 아무 목적도 없이 물질에 대한 욕심에 사로잡혀 무작정 재물을 쌓기만 하는 것은 어리석은 일이다.

수입이 들어오면 맨 먼저 십일조를 구별해야 꾸준히 십일조를 드릴 수 있듯이, 저축도 소비하기 전에 먼저 해야 돈이 모이는 법이다. 그러므로 수입의 몇 퍼센트를 저축할 것인지를 정한 다음, 수입이 들어오는 대로 따로 떼어 놓고 가능한 한 빨리 은행에 예치하는 것이 좋다. 보통 결혼 직후에는 내 집 마련을 위한 저축으로 방향을 정하고, 그후에는 자녀 교육비와 결혼 자금 마련, 은퇴 후를 위한 저축 등 구체적인 방향을 정하는 것이 좋다. 방향이야 어떻든 분명한 목표를 갖고 저축을 하면 저축의 진행과 효과 면에서 매우 큰 열매를 거둘 수 있다.

3. 이웃과 함께 나누어 쓰는 계획

재정 계획은 1차적으로 가족들을 위한 계획이어야 한다. 즉 집안의 온 가족이 하나님의 뜻에 따라 모든 것을 함께 나누어 쓰는 계획을 같이 세우는 것이 중요하다. 이때에 가족끼리 무엇을 함께 나누어 쓸 수 있는지 가족 모두가 함께 의논해야 한다. 그리고 바람직한 것은 재물을 자기 가족만을 위해 사용하는 데서 끝나지 않고 이웃에게까지 확대하는 것이다.
교회에서 예산을 세울 때 구제비나 선교비가 반드시 있어야 하듯이 가정의 재정 계획 속에도 이웃을 생각하는 마음이 포함되어야 한다. 그리고 이런 재정 계획서를 하나님께서도 기꺼이 결재하시고, 이 계획을 이루기 위해 더 많은 물질적 축복을 주실 것이다. 그리고 이러한 계획에 자녀들을 참여시킴으로써 자녀들에게 기쁨과 동시에 책임감을 느끼도록 하는 것이 좋다. 부모가 이웃과 함께나누는 계획을 세우고 보여 줌으로써 아이들에게 나눈다는 것이 무엇인지 가르쳐 주는 것은 참으로 좋은 교육이다. 자녀들이 어린 시절부터 이러한 생활 태도를 배우게 되면 어른이 되어서도 물질적인 욕심이나 속박에서 자유함을 누리게 될 것이다.

4. 은퇴 후를 위한 노후 계획

우리 사회도 이제 고령화 시대에 접어들고 있다. 더구나 고령화 속도가 유례없이 빨라지고 있으므로 머지않은 장래에 노년 빈곤층 문제가 심각해질 것이라는 우려가 나오고 있다. 많은 물질적 자원이 뒷받침되지 않는 노후는 고통의 세월이 될 수 있다. 또한 빈곤의 상태로 노년기에 접어들게 되면 탈출하기가 아주 어렵다. 그러므로 노년의 삶에 대해 보다 냉정하고 현실적인 계획을 미리 세워야 한다.
적절한 계획 없이 은퇴한 노인들의 경우 어떤 사람은 자녀의 눈치를 보며 같이 살거나, 자녀로부터 경제적인 도움을 받으며 어렵게 지내는 경우를 이따금 보게 된다. 이런 일은 은퇴 계획을 미리 세우지 않았기 때문에 일어난다. 그러므로 은퇴를 위한 재정 계획을 미리 세워 두어야 한다.
은퇴를 위해 재정 계획을 세울 때 중요한 점은 균형을 이루어야 한다는 것이다. 지나치게 많은 액수를 계획해도, 또 너무 적은 액수를 계획해도 안 된다는 점이다. 은퇴 후의 생활수준은 은퇴 전과 여러 면에서 질적으로 다르기 때문에 현재보다 수입이 줄어든다 할지라도 크게 염려할 바는 못 된다. 그러므로 은퇴 후 생활을 위해 지나치게 많은 돈을 비축해 두려는 재정 계획은 바람직하지 않다.

(1) 의학의 발달로 평균수명이 계속 길어지고 있으므로, 현실적으로 은퇴 후에도 20년 이상 생활할 수 있는 노후 자금이 필요하다. 지금 자신의 생활수준을 감안하여 얼마 정도가 필요한지 구체적으로 세우는 것이 좋다.
(2) 노후 자금은 가능한 한 젊을 때부터, 그리고 하루라도 빨리 준비해야 부담을 줄일 수 있다.
(3) 노후 자금이 이미 충분히 마련된 사람은 더 많은 노후 자금을 불리려 하기보다는 어떻게 하면 나머지 재산을 하나님 나라와 이웃을 위해 선하고 아름답게 쓸 수 있을지 계획한다면 신실한 청지기로서 아름다운 자세를 보여 줄 수 있다.

5. 자녀들을 위한 유산 계획

잠언 13장 22절에는 "선인은 그 산업을 자자손손에게 끼쳐도 죄인의 재물은 의인을 위하여 쌓이느니라"고 기록되어 있다. 그러므로 자손에게 유산을 물려주는 것은 성경적이다. 그런데 유산을 올바로 물려주려면 치밀하고 구체적인 계획이 필요하다. 그렇지 않은 경우 유산 때문에 집안이 갈라지고 자녀들의 앞날이 오히려 망가지는 경우가 많기 때문이다.

가. 가장 중요한 유산은 재물이 아니라 하나님에 대한 신앙이다. 자녀

들이 하나님보다 유산을 더 소중하게 여기는 일이 없도록 주의해야 한다.

나. 자녀에게 남겨 줄 유산이 너무 많아서 오히려 해가 될 것으로 판단되면 미리 자녀에게 남겨 주기를 원하는 유산 규모를 정한 후 나머지 재산을 사회에 환원할 계획을 세우는 것이 자녀에게도 유익하다. 그리고 자녀가 충분히 장성한 경우 그 계획에 대해 자녀와 함께 많은 대화를 나눔으로써 충분히 이해와 공감을 얻어 내는 것이 바람직하다.

그렇다면 믿음의 유산을 자녀에게 남겨 주려면 어떻게 해야 할까? 자녀는 부모의 삶과 말을 통해 배우고 자란다. 부모가 날마다 '돈, 돈' 하며 돈만을 추구하는 모습을 보여 주면 자녀도 은연중에 돈이 최고라는 가치관을 가지게 마련이다. 그런데 부모가 돈이 많든 적든 관계없이 날마다 '하나님, 은혜, 믿음, 감사'를 말하고 하나님을 최우선으로 하는 삶을 살면 자녀도 돈이 많든 적든 하나님께 감사하며 만족하는 삶의 지혜를 배우게 된다. 이보다 더 큰 유산이 어디 있겠는가.

04... 빚지는 것을 두려워하라

오늘날 우리는 고도의 신용 사회이자 소비 주도적인 사회에서 살고 있다. 이러한 환경 속에서 사람이 살다 보면 버는 것보다 쓸 일이 더 많아 빚을 지게 되는 경우가 생긴다. 개인뿐 아니라 기업도 마찬가지다. 그러나 부채를 지려면 적어도 다음의 두 가지 조건을 먼저 확인해야 한다. 곧 돈을 빌리는 비용보다 빌린 돈으로 얻는 경제적 이익이 더 커야 하고, 빚을 갚을 수 있는 확실한 대안이 있어야 한다. 확실한 방법이나 대안이 없이 자기의 능력 이상으로 돈을 빌렸을 때 결국은 빚의 수렁에서 벗어나지 못하고 근심, 염려, 불안과 고통의 나날을 보내게 된다. 평소에 빚지는 것을 경계하고 빚을 두려워할 줄 하는 사람이 인생에서 성공할 수 있다.

빚지는 것은 많은 위험성이 있다. 즉 빚으로 인해서,

- 신앙생활에 지장을 받게 된다.
- 많은 가정이 파괴된다.
- 많은 사람이 인생을 망친다.
- 회사가 부도를 내거나 도산한다.
- 국가 경제가 어렵게 된다.
- 스트레스 때문에 병(각종 암, 심장병 등)을 얻기 쉽게 된다.

옛날에는 돈을 꾸고 갚지 않을 경우 채권자는 채무자를 감옥에 집어넣거나 노예로 만들 수 있는 사회제도가 있었다. 심지어 빚진 사람의 가족까지 노예로 삼는 경우도 있었다. 이렇게 할 수 있는 이유는 돈을 빌리고 갚지 않는 것은 단순한 돈 문제가 아니라 정직하지 못한 행위로 간주되었기 때문이다. 그래서 돈을 꾸고 갚지 아니하는 것은 남의 물건을 훔친 도둑과 똑같이 다루었다.

물론 오늘날에는 돈을 안 갚는다고 해서 종이나 노예로 팔리는 것은 아니다. 그러나 빚 때문에 정신적으로 심한 압박과 고통을 받아 수많은 개인과 가정과 기업이 불행한 사태를 겪게 된다. 크리스천의 경우 빚에 시달리게 되면 신앙생활에 막대한 지장을 받는다. 빚 걱정 때문에 평안이 없고, 하나님께 가까이 나가는 것이 힘들어진다. 빚에 시달리게 되면 마음이 강퍅해져 성령님이 거하실 만한 자리조차 없어지게 된다.

● 롬 13:8

피차 사랑의 빚 외에는 아무에게든지 아무 빚도 지지 말라.

1. 성경에서 말하는 빚(부채)

(1) 빚은 우리를 종으로 만든다.

성경은 부자는 가난한 자를 다스리고 빚진 자는 채주의 종이 된다고 말한다(잠 22:7). 빚을 지게 되면 돈 빌려 준 사람의 종처럼 예속된다. 빚을 갚을 수 없게 될수록 빚쟁이의 노예가 되는 것이다. 뿐만 아니라 빚을 갚아야 하는 책임 때문에 현재의 수입을 어떻게 쓸 것인지를 선택할 자유도 가질 수 없게 된다. 월급 받으면 카드 빚 갚기에 급급한 인생이 여기에 해당된다. 결국 빚을 갚아야 하는 책임 때문에 수입을 어떻게 쓸지를 선택할 자유도 없게 된다. 이것이 종이 된 것이 아니고 무엇이겠는가.

(2) 빚은 저주와 같다.

구약성경에서는 빚지는 것을 불순종한 자에게 내리는 저주와 같이 표현한다. “네가 네 하나님 여호와의 말씀을 청종하지 아니하고 네게 명령하신 그의 명령과 규례를 지키지 아니하므로 이 모든 저주가 네게 와서 너를 따르고 네게 이르러 마침내 너를 멸하리니”(신 28:45).
오늘날 많은 사람이 신용불량자가 되어 고통을 받고 있으며, 신용카드 빚을 갚기 위한 범죄도 늘어나고 있다. 빚을 갚을 수 없는 상태에서 너무 시달려 심지어 자살을 선택하는 사람도 있다.

구약에서는 빚에서 벗어난다는 것이 순종하는 자에 대한 보상으로 약속되어 있다. "네가 네 하나님 여호와의 말씀을 청종하면… 여호와께서 너를 위하여 하늘의 아름다운 보고를 여시사 네 땅에 때를 따라 비를 내리시고 네 손으로 하는 모든 일에 복을 주시리니 네가 많은 민족에게 꾸어 줄지라도 너는 꾸지 아니할 것이요"(신 28:2-12).

(3) 빚은 내일을 가정한다.

사람들은 장래에 그 빚을 갚을 만큼 수입이 생길 것이라고 예측하고 빚을 진다. 그러나 성경은 그런 가정을 하지 말라고 주의를 준다. "들으라 너희 중에 말하기를 오늘이나 내일이나 우리가 어떤 도시에 가서 거기서 일 년을 머물며 장사하여 이익을 보리라 하는 자들아 내일 일을 너희가 알지 못하는도다"(약 4:13-14).

장래에 대한 어떤 희망이나 막연한 추측을 가지고 오늘 빚을 지는 것은 매우 위험한 일이다. 많은 변수로 인해 장래의 일이 예상대로 진척되지 않을 때 비참한 결과를 빚는 경우가 많다.

2. 빚의 결과

(1) 장래에 사용해야 할 생활비를 줄이게 된다.

빚은 언젠가 갚아야 하는 돈이다. 그런데 원금뿐만 아니라 이자까지 갚아야 하기 때문에 갚아야 할 금액이 많아진다. 간혹 원금보다도 이자가 더 많은 경우도 있다. 결과적으로 얼마나 손해인가! 그리고 이 돈을 갚으려면 장래에 생기는 수입으로 갚아야 한다. 결국 앞으로 써야 할 생활비를 줄여야만 가능한 것이다. 이것은 현재의 지출을 위해서 장래의 생활수준을 낮추어야 하는 결과를 가져오게 된다.

(2) 많은 스트레스와 불안을 초래한다.

사람이 빚에 시달리게 되면 늘 긴장하게 되고 마음의 평안을 잃어버리게 된다. 정신적인 스트레스가 심해지면 불면증 등 여러 가지 몸의 나쁜 증상도 생기게 된다. 결국 안정되고 건강한 삶을 살 수 없게 되는 것이다.

(3) 가정생활에서 일어나는 많은 문제의 원인이 된다.

부부 싸움의 원인 중에 50% 이상이 돈 문제와 연관되어 있다는 통계가 있다. 이것이 이혼으로 진행되는 경우도 많다. 빚에 억눌리면 안정되고 행복한 가정생활을 유지하기가 힘들게 된다. 특히 가정에 신용불량자가 있으면 가계 빚이 가정 해체로 이어지는 경우가 많다.

(4) 장래를 위해 저축할 여유가 없다.

빚 갚느라고 오늘의 수입을 다 쓰다 보니 앞날을 위해 저축할 여유가 없다. 우선 지금 쓰기도 바쁜데 장래를 위해 준비하기는 더 어려운 것이다. 뿐만 아니라 저축한 돈이 없으니 예기치 못한 일을 당했을 때 또 빚을 지게 되는 악순환을 반복하게 된다.

(5) 이웃을 돕고 나누며 살기가 힘들어진다.

빚을 지고 있는 사람은 빚을 갚아야 할 중압감 때문에 자발적으로 이웃을 돕기가 힘들어지게 된다. '내가 빚지고 힘들게 살고 있는데 어떻게 남을 돕겠는가?' 하는 생각이 든다. 그리고 현실적으로도 빚 갚기에 바쁘다 보면 이웃과 나눌 수 있는 경제적 여력도 없어진다.
(참고: 빚이라고 해서 다 나쁜 것만은 아니다. 집 장만을 위해 진 빚, 사업을 위해 차입한 빚, 이익이 더 많이 나는 투자를 위한 빚 등과 같이 미래의 자산을 증가시키기 위해 쓴 빚은 긍정적인 면도 있다.)

 신용카드를 버리라

어느새 신용카드는 우리 생활의 일부가 되어 버렸다. 대학생들도 가지고 있는 신용카드는 따지고 보면 우리나라에서 역사가 그리 길지 않다. 본격적으로 우리나라 대다수 국민들에게 확산된 것은 IMF 구제 금융 이후부터다. 외환 위기 극복을 위해 내수 시장의 거품이 필요했고 그 거품을 훌륭하게 만들어 IMF 탈출이라는 목표를 달성하게 한 일등공신이 바로 신용카드였다는 것은 모르는 사람이 없을 것이다. 그러나 한국 경제의 위기 탈출을 도운 대가는 수많은 사람을 신용 불량자로 만드는 것으로 돌아왔다.

현재 신용불량자 수가 200만 명을 넘어 경제 활동 인구 7명당 1명에 이르고 있다. 이러다 보니 신용카드 부실은 단순히 경제적인 문제 차원을 넘어 심각한 사회 문제로 비화되고 있다.

신용카드는 많은 사람의 욕구를 너무나 쉽게 충족시켜 준다. 지갑에서 꺼내기만 하면 원하는 것을 살 수 있는 것이다. 물론 신용카드가 있어도 돈에 대한 훈련이 잘되어 있다면 문제가 없겠지만 대부분의 사람들은 돈에 대한 훈련을 제대로 받지 못했다.

그러다 보니 어느새 월급을 받아도 카드회사로 다 흘러들어 가고 정작 열심히 일해서 번 돈은 만져 보지도 못한다. 그러나 빚 없는 삶을 살려면 첫 번째로 실천해야 하는 것은 하고 싶은 일을 미룰 줄 알아야 한다는 것이다. 욕구를 늦추라는 이야기다. 즉 오늘 먹고 싶은 것, 사고 싶은 것을 참으면 내일은 더 좋은 것을 먹고 살 수 있다는 생각으로 충동 지출을 참을 수 있어야 한다. 그렇게 할 수 있어야 미래의 목표를 위해 저축을 할 수 있다. 풍요로운 미래를 만들기 위해서 당장 첫 번째로 실천해야 할 것은 신용카드를 꺼내 과감히 버리는 것이다.

막상 카드를 꺼내 버리려고 하니 망설여지는 것이 있다. 불편하지 않을까 하는 생각이다. 그런데 이렇게 '불편해서 어떡해?' 라는 생각은 다시 뒤집어 봐야 한다. 불편해야 씀씀이가 준다고 생각하는 것이다. 너무 편리해서 미래의 가처분 소득까지 미리 끌어다 쓰는 것이 반복되면 결국 많이 쓰고도 늘 가난한 오늘, 가난해서 불편한 내일을 만들 뿐이다.

신용카드가 없으면 저절로 안 쓰게 되는 것도 많아진다. 대표적인 것이 홈쇼핑이다. 12개월 무이자니, 가격 파괴니, 전화 주문 할인이니, 사은품이니 하는 현란한 광고와 그럴듯한 화술로 당장 필요하지도 않은 것을 지금 사 두어야 좋은 기회를 놓치지 않을 것처럼 착각을 일으키게 한다.

평소 갖고 싶었지만 내 소득에 부담스러운 고가품도 신용카드 무이자 할부 앞에선 별것 아닌 것이 되어 버린다. 이렇게 저지르고 저렇게 저지르면 결국 소액처럼 느껴졌던 할부금이 모이고 모여 월급을 타도 신용카드 결제일이 지나면 남는 돈도 없는 현실을 만드는 것이다. 신용카드가 없다면 그 모든 혜택은 내 것이 아니다. 아쉽지만 사은품 몇 개에 갖고 있는 목돈을 꺼내 쓸 수도 없다. 결국 사고 싶은 것을 다음으로 미루게 된다.

사람들이 신용카드를 이용하며 누렸던 모든 편리함은 미래의 풍요로움을 끌어다 쓴 것이다. 과감히 신용카드를 버려야 한다. 불편한 지출 구조를 만들어야 하는 것이다. 그래야 조금씩 모이는 돈으로 경제적 자유에 좀 더 다가가는 내일을 만들어 갈 수 있다.

05••• 하나님 안에서 실패를 극복하라

심각한 실직, 부도, 빚, 파산, 신용불량 등 극단적인 경제적 실패에 빠진 상태라면 어떻게 하면 좋을까? 이런 경우 경제적 문제와 더불어 동반되는 문제는 정신적 고통이다. 감당할 수 없는 절망감과 수치심과 중압감에 못 이겨 자신을 학대하는 경우도 있다. 이런 상황에 빠지면 이성적으로 현실을 파악하고 대처한다는 것은 매우 어렵다. 그러나 실패에 어떻게 대처하느냐에 따라 위기가 도리어 기회로 바뀌기도 한다.

이제 하나님 안에서 실패를 극복하는 방법이 무엇인지 알아보자.

● 롬 8:28

우리가 알거니와 하나님을 사랑하는 자 곧 그의 뜻대로 부르심을 입은 자들에게는 모든 것이 합력하여 선을 이루느니라.

1. 주어진 현실을 인정하고 받아들이라.

이왕 벌어진 엄청난 현실 앞에 내가 가장 먼저 해야 할 일은 '현실을 인정해야 한다'는 점이다. 현실을 인정하고 받아들이면 문제 해결은 이미 시작되었다고 볼 수 있다. 사람들은 실패를 한 후 자신에게 주어진 변화를 인정하지 않으려고 한다. 이런 과정 속에서 분하고 억울한 생각이 그 사람을 지배하게 된다. 이런 상태가 지속되면 우울증에 빠지거나 자포자기 상태가 될 수 있다. 심하면 화병에 걸려 죽기까지 한다. 그러나 있는 그대로의 현실을 받아들이고 나면 마음에 평안이 찾아오고, 그때부터 해결의 실마리가 하나씩 보이기 시작한다. 힘들더라도 현실을 인정하고 정면 도전해야 한다. 실패를 해서 약해질 것이 아니라 그럴수록 더욱 강해져야 한다. 현실을 인정하고 고난을 안고 뒹구는 고민 속에 인생의 새로운 길이 시작될 것이다.

2. 실패의 원인이 자신에게 있다면 회개하고 돌아서라.

솔로몬은 "형통한 날에는 기뻐하고 곤고한 날에는 되돌아보아라 이 두 가지를 하나님이 병행하게 하사 사람이 그의 장래 일을 능히 헤아려 알지 못하게 하셨느니라"(전 7:14)고 말한다. 현재 어려움이나 시험을 받고 있다면 '내가 과연 지금까지 하나님만 의지하며 하나님께 순종하며 살아왔는가?'를 자문해 볼 일이다. 실패의 원인이 자신에게 있는 경우에는 이를 철저히 인식하고 회개하여 하나님께로 돌이켜야 한다. 자신의 잘못을 인정하지 않고 이런저런 핑계를 대거나 남에게 책임을 전가하거나 상황에 대해 원망과 불평을 토하는 태도는 결코 하나님 앞에서 옳지 않다. 예수님께서는 탕자 이야기를 통해 아무리 큰 잘못을 저지른 탕자라 할지라도 자신의 잘못을 솔직하게 인정하고 용서를 구하면 반드시 하나님께서 용서하고 모든 것을 회복시켜 주신다는 약속을 하셨다.

고난은 용광로의 뜨거운 불과 같다. 그 속에 원석을 집어넣으면 온갖 불순물은 다 타거나 녹아 버리고 순수한 정금만이 남게 된다. 하나님께서는 종종 하나님의 청지기를 단련하기 위해 이 고난의 용광로를 사용하신다. 처절하게 고난을 받은 사람의 대명사인 욥은 이 사실을 일

찌감치 알았기에 "그러나 내가 가는 길을 그가 아시나니 그가 나를 단련하신 후에는 내가 순금같이 되어 나오리라"(욥 23:10)고 고백할 수 있었던 것이다.

순금 같은 인생을 살려면 고난 중에 불순물을 태우거나 녹이듯이 내 안에 있는 모든 죄와 허물을 하나님께 눈물로 회개하며 토해 내는 과정이 반드시 필요하다. 당대의 의인으로 하나님께 인정받았던 욥조차 이 과정을 거쳐야 했기에 고난의 한가운데에서 애끓는 회개를 토해 냈다(욥 42:1-6). 이처럼 고난의 용광로를 회개의 도구로 최대한 활용하는 사람은 욥이 그랬던 것처럼 하나님의 놀라운 회복과 축복의 은혜를 누리게 될 것이다.

어떤 면에서 우리는 욥보다는 탕자를 더 많이 닮았음을 인정하지 않을 수 없다(눅 15:11-24). 예수님께서 비유로 말씀하신 탕자 이야기는 아버지의 재산을 받아 나갔던 둘째 아들의 경제적 실패에 대해 묘사하고 있다. 아버지에게 많은 재산을 받아 가지고 먼 나라에 가서 순식간에 탕진해 버린 둘째 아들은 결국 심각한 경제적 실패의 상황에 빠져서 굶어 죽을 지경에 이르게 되었다. 하지만 그는 그동안 잘못된 삶을 살았음에도, 한 가지 옳은 판단과 결정으로 인해 자기의 잘못을 극복할 수 있었다. 그것은 바로 자신의 현실을 직시하고 잘못을 뉘우쳤다는 점이다. 그리고 아버지에게 돌아가서 용서를 구하고 종으로라도 써 달라고 부탁했다. 그 결과 그는 아버지의 용서를 받았을 뿐만 아니라 부와 지위를 다시 되찾게 되었다.

이처럼 실패의 원인이 자신에게 있는 경우에는 이를 철저히 인식하고 회개하여 하나님께로 돌이켜야 한다. 자신의 잘못을 인정하지 않고 이래저래 핑계를 대거나 남에게 책임을 전가하거나 상황에 대해 원망과 불평을 토하는 태도는 결코 하나님 앞에서 옳지 않다. 예수님께서는 탕자 이야기를 통해 아무리 큰 잘못을 저지른 탕자라 해도 자신의 잘못을 솔직하게 인정하고 용서를 구하면 반드시 용서하시고 모든 것을 회복시켜 주실 것이라는 사실을 인상 깊게 알려 주셨다.

3. 적극적으로 현실적 대처 방안을 모색하고 실행하라.

최선을 다해 현실을 타개할 수 있는 방법을 적극적으로 찾고 실행하도록 힘써야 한다. 회복에 도움이 될 수 있는 모든 문을 직접 찾아다니며 두드려 보라. 열리는 문이 반드시 있을 것이고, 이미 하나님께서 손을 써 놓으신 현장을 보게 될 것이다. 특별히 관계의 적극성을 갖도록 하라. 사람이야말로 하나님께서 가장 많이 사용하시는 도움의 통로다. 겸손하고 진실하게, 거절에도 실망하지 말고 인내함으로 인간관계에 최선을 다하면 주변 사람들의 마음을 움직일 수 있다.

또한 기능적 적극성을 갖도록 하라. 경제적으로 수입을 창출할 수 있는 구체적인 계획과 방법을 연구하라. 다양한 분야의 전문가나 이미 실패를 극복한 경험자에게 도움과 조언을 요청하는 것도 매우 좋은 방법이다. 문제는 풀라고 있는 것이고, 실패는 극복하라고 있는 것이다. 반드시 극복할 수 있음을 믿고 해결 방법을 모색하라.

4. 협력하여 선을 이루시는 하나님을 소망하라.

어차피 하나님의 청지기는 자신의 힘과 능력으로 사는 사람이 아니다. 하나님의 돌보심과 인도하심으로 사는 사람이다. 하나님께서는 신실한 청지기를 실패하도록 그냥 놔두시지 않는다. 가장 좋은 때에, 가장 좋은 방법으로, 가장 좋은 것을 주실 것이다. 하나님께서는 하나님을 간절히 바라고 소망하는 사람에게 하나님의 놀라운 계획을 보여 주신다. 우리는 아직 눈으로 확인할 수 없는 미래에 대해서조차 하나님 때문에 소망할 수 있다. 소망이 이루어질 때까지 끝까지 포기하지 말고 참고 기다리자.

이 세상의 모든 것이 다 사라지고 가장 비참한 상황에 처했을 때라도 우리가 기뻐할 수 있는 이유는 하나님이 우리와 함께 계시기 때문이다. "비록 무화과나무가 무성하지 못하며 포도나무에 열매가 없으며 감람나무에 소출이 없으며 밭에 먹을 것이 없으며 우리에 양이 없으며 외양간에 소가 없을지라도 나는 여호와로 말미암아 즐거워하며 나의 구원의 하나님으로 말미암아 기뻐하리로다. 주 여호와는 나의 힘이시라 나의 발을 사슴과 같게 하사 나를 나의 높은 곳으로 다니게 하시리로다. 이 노래는 지휘하는 사람을 위하여 내 수금에 맞춘 것이니라"(합 3:17-19).

실로 우리의 만족과 힘은 세상적인 것에 있지 않고 오직 하나님께만 있다. 하나님 한 분만으로 만족한다는 온전한 신앙만 있으면, 세상 것에 의하여 좌우되지 않고 항상 감사와 기쁨의 신앙생활을 할 수 있다. 이러한 생활을 할 때, 하나님은 반드시 우리를 어려움에서 구원해 주실 것이다.

시편 37편 23-24절에 다음과 같은 말씀이 있다. "여호와께서 사람의 걸음을 정하시고 그의 길을 기뻐하시나니 그는 넘어지나 아주 엎드러지지 아니함은 여호와께서 그의 손으로 붙드심이로다."

비록 의인이 일시적으로 재산을 잃었다고 할지라도 그것은 영구적인 것이 아니다. 우리가 재산을 모두 잃었을 때에도 하나님이 기회를 다시 주신다는 사실을 잊어서는 안 된다. 이와 같은 경우는 욥에게서 찾아볼 수 있다. 의인 욥도 일시적으로는 재산을 모두 잃었어도 나중에는 원래 가지고 있던 것보다 갑절이나 더 많은 재산을 얻는 축복을 받았던 것이다.

어차피 하나님의 청지기는 자신의 힘과 능력으로 사는 사람이 아니다.

하나님의 돌보심과 공급하심으로 사는 사람이다. 하나님께서는 하나님의 청지기를 실패하도록 놔두시는 분이 아니다. 가장 좋은 때에, 가장 좋은 방법으로, 가장 좋은 것을 주실 분이다. 그러므로 하나님의 청지기라면 하나님께 기대해도 좋다. 하나님께서는 하나님을 간절히 바라고 소망하는 사람에게 하나님의 놀라운 계획을 보여 주실 것이다.

하나님의 계획은 현재 당하는 실패의 아픔보다 훨씬 큰 영광을 우리에게 주시는 것이다(롬 8:17-18). 고난이 의미 있는 이유가 바로 여기에 있다. 그러므로 우리는 아직 눈으로 확인할 수 없는 미래에 대해서조차 소망할 수 있다(롬 8:24-25). 다만 소망이 이루어질 때까지 끝까지 포기하지 말고 참고 기다리기만 하면 된다.

좋은 일이든 나쁜 일이든, 기쁨이든 슬픔이든, 평강이든 고난이든 상관없이 하나님의 사람에게는 모든 것이 하나님의 선한 뜻을 이루는 재료로 사용될 것이다. 그러므로 일부러 실패할 필요는 절대로 없지만, 불가불 실패하게 되었다 하더라도 낙심할 필요가 없다. 실패의 상황을 재료로 삼아 하나님께서는 나를 향한 선한 뜻을 이루실 것이기 때문이다. 이 정도면 하나님을 소망할 충분한 이유가 되지 않겠는가?

"나를 사랑하는 자들이 나의 사랑을 입으며 나를 간절히 찾는 자가 나를 만날 것이니라"(잠 8:17).

"두려워하지 말라 내가 너와 함께함이라 놀라지 말라 나는 네 하나님이 됨이라 내가 너를 굳세게 하리라 참으로 너를 도와주리라 참으로 나의 의로운 오른손으로 너를 붙들리라"(사 41:10).

"아무것도 염려하지 말고 다만 모든 일에 기도와 간구로 너희 구할 것을 감사함으로 하나님께 아뢰라 그리하면 모든 지각에 뛰어난 하나님의 평강이 그리스도 예수 안에서 너희 마음과 생각을 지키시리라"(빌 4:6-7).

부록

성경의 경제관

01 | 구약성경의 경제관

02 | 재물에 대한 예수님의 가르침

03 | 바울의 재물관과 그의 적용

》 들어가면서

지금까지 1~4과에 걸쳐 크리스천이 가져야 할 건강한 경제생활에 대하여 공부했다. 이제 교재를 덮기 전에 구약성경의 경제관, 재물에 대한 예수님의 가르침, 그리고 사도 바울의 재물관을 자세히 살펴보기로 한다.

부록_성경의 경제관

01 구약성경의 경제관

구약 시대를 통해 발견할 수 있는 재물의 관한 일관성 있는 특징은, 물질의 풍요함이 하나님이 주시는 중요한 축복 중의 하나로 간주되었다는 사실이다. 실제로 아브람은 '가축과 은과 금'이 풍부한 사람이었다(창 13:2). 이삭(창 26:12-14), 욥(욥 1:3), 솔로몬(왕상 10:14-23)도 의인인 동시에 부자였다.

신명기 28장 1-14절은 우리가 하나님의 말씀에 순종하면 물질의 축복을 부어 주시겠다고 말한다. 실제로 이스라엘 역사를 보면 이스라엘 민족과 그 지도자들이 하나님께 순종할 때는 물질의 풍요함과 평화를 주셨고, 그들이 하나님을 배반하고 딴 길로 갈 때에는 언제나 주변의 다른 민족을 통해 징벌과 고통을 주셨다. 그러다가 그들이 회개하고 울부짖으면 다시 회복하시고, 그들이 다시 죄를 짓고 패역하면 다시 고통을 주셨다. 이러한 축복과 고난의 반복이 이스라엘의 역사였다. 이는 특히 여호수와부터 시작해서 나라가 멸망할 때까지 계속되었다.

하나님은 인간을 창조하고 복을 주고 싶어하신다. "하나님이 그들에게 복을 주시며 이르시되 생육하고 번성하여 여러 바닷물에 충만하라 새들도 땅에 번성하라 하시니라"(창 1:22). 이러한 하나님의 마음은 아담과 하와로 시작된 인간의 타락 이후에도 계속된다(창 9:1). 하나님은 아브라함을 일방적으로 불러내어 땅을 주며 복을 주고 자손을 번성하게 하겠다고 약속하셨다(창 22:17). 하나님께서 이스라엘 민족에게 약속하신 가나안 땅은 젖과 꿀이 흐르는 곳이었다(민 13:27; 신 6:3). 그 밖의 곳에서도 성경은 부에 대하여 한결같이 하나님의 축복의 결과라고 말하고 있다(잠 10:22; 전 5:19).

한편 하나님은 청지기 사상을 잘 반영하는 이스라엘 사회의 모습과 그 구성원의 건강한 삶과 권리에 대한 이상과 비전을 모세오경에 담아 내셨다. 그 중 가장 중요한 원칙은 다음과 같이 가난한 자들의 권리를 다양하게 보호하는 정의의 실현이다(렘 5:28-29).

첫째, 임금 체불을 금지하고(레 19:13; 신 24:14-15), 둘째, 금융과 관련해서는 가난한 자에 대한 무이자로 대여하며(출 22:25; 레 25:35-37; 신 15:7-11, 23:19), 전당 잡은 옷은 해 지기 전에 돌려주어 침구로 사용토록 하고(출 22:26-27), 7년 단위로 빚을 탕감(신 15:1-3)한다. 셋째, 음식과 관련해서는 매년 가난한 사람을 위해 곡물과 포도의 일부 남겨 둘(레 19:9-10; 신 24:19-22) 것과, 3년마다 레위인과 사회적 약자의 음식 장만을 위해 십일조 드리기를 명한다. 넷째, 노예 생활 6년 후에는 후한 독립 자금과 함께 자유를 줄 것을 명하고(신 15:12-15), 마지막으로 50년마다 원래의 땅을 되찾는 희년을 선포할 것을 규정하고 있다(레 25:10).

여기서도 가장 두드러지는 것은 희년에 토지를 돌려받을 권리와, 안식년에 빚을 탕감받고 종에서 자유인으로 돌아갈 수 있는 권리라고 볼 수 있다. 이것을 종합하면 모든 인간은 자신의 삶을 실현하는 데 필요한 기본적인 재화, 즉 땅과 일정한 소득을 향유할 권리가 있으며, 사회는 이를 보장해 주어야 할 책임이 있다는 것이다.

그 외에도 구약성경에서 다음과 물질관을 발견할 수 있다.

- 율법은 사유 재산을 인정하고 보호했다(신 19:14).
- 자신의 소유를 자식들에게 유산으로 남기는 것을 인정한다(창 25:5; 신 21:16).
- 율법을 통하여 도둑질과 탐심을 경계하라고 명한다(출 20:15, 17, 22:1).
- 고리대금을 금한다(출 22:25; 신 23:19-20; 시 15:5).
- 가난한 이웃, 과부와 어린이, 가난한 타국인을 도와줄 것을 명한다(신 10:18-19, 24:17-22).
- 빚지지 말 것을 권면한다(잠 22:7).

한편 성경은 물질의 풍부함이 주는 위험에 대해서도 말한다. 하나님은 솔로몬에게 다른 왕조보다 더 많은 재물과 번영을 주셨는데, 이러한 물질의 번영이 나중에는 우상 숭배와 타락으로 이어졌고, 특히 아합 왕 시대에는 절정에 이르게 된다.

결론적으로 재물의 위험성에도 불구하고 구약성경에서 재물은 언제나 하나님께서 주시는 복 중에 중요한 것으로, 가난은 하나님의 저주로 간주되어 왔다. 욥기는 이러한 사상을 가장 적나라하게 나타낸다. 하나님은 사탄이 욥의 재물과 건강을 빼앗아 갈 것을 허락하신 후 욥은 사탄에 의하여 모든 것을 상실하고 절망의 상황에 처하게 된다. 그러자 욥의 친구들은 욥이 죄를 지어서 이런 일을 당하게 되었다고 주장했다. 그러나 하나님은 나중에 친구들로부터 욥을 옹호하시고 나중에 더 많은 물질의 복을 주신다.

성경은 계속해서 말한다. 부유함은 정직함과 의로운 자가 하나님으로 받는 대가다(시 112편; 잠 12:11, 13:21, 21:5). 그러나 악한 일을 해서 재물을 쌓는 것보다는 차라리 가난하게 사는 것이 좋다(시 37:16; 잠 15:16, 16:8, 17:1). 한편 이 세상 재물의 무상함을 강조하기도 하고(시 39:4-6; 잠 23:4-5; 전 5:8-17), 억압받은 자의 장래의 보상(시 49:10-20)을 약속한다.

그러므로 재물의 복을 많이 받은 사람은 재물을 의지하지 말고 하나님을 의지해야 한다(시 52:7; 잠 3:9-10). 그리고 가난한 자를 위해 재물을 써야 한다(시 82:3-4; 잠 29:7).

그후 예언자들도 부유함은 하나님께 순종함으로써 주어지는 것으로 말하며, 한편 재물을 걷어 가는 것은 하나님께서 죄에 대해 심판하는 것으로 간주했다. 하나님의 축복은 반드시 물질을 통하여 이루어진다거나 부유한 사람은 항상 하나님께서 축복하신 결과라고 이해하는 것은 잘못이지만, 구약성경은 물질의 풍요함을 하나님이 주시는 중요한 축복 가운데 하나로서 간주했다.

02 재물에 대한 예수님의 가르침

예수님은 목수의 아들로 이 세상에 오셨다. 예수님이 탄생한 후 8일 만에 율법에 따라 할례와 제사를 드렸는데, 그 당시 가난한 사람들이 드렸던 비둘기로 제물을 삼은 것으로 보아(눅 2:24) 예수님의 집안 역시 가난했던 것으로 추측된다. 예수님은 부모로부터 유산을 받은 일이 없었고 본인 소유의 재산을 가져 본 일도 없으셨다. 십자가에 달리실 때도 입었던 옷 한 벌이 전 재산이었다. 이렇게 예수님은 전혀 소유가 없었지만 설교의 많은 부분을 재물에 대해 할애하셨다. 재물에 대한 예수님의 가르침을 요약하면 다음과 같다.

1. 부유함이나 재물 자체를 정죄하지 않으셨다

예수님은 부자들의 탐욕과 교만을 공격했으나 재물을 죄악시하지는 않으셨다. 그리고 가난한 자들을 사랑하셨지만 가난 자체를 찬양하지는 않으셨다. 세례 요한은 광야에서 단벌옷을 입고 석청을 먹으며 생활했다. 그러나 예수님은 이 세상에 사람들 속으로 들어오셔서 물질을 사용하며 사역을 하셨다. 즉 타인의 집을 방문하셔서 소외된 자나 죄인들과 음식을 나누며 천국 복음을 전하셨다. 이러한 예수님을 향해 바라새인들은 예수님을 “먹기를 탐하고 포도주를 즐기는 사람”(마 11:19)이라고 공격했다.

2. 재물의 위험성에 대한 경고

예수님께서는 소유나 부함 자체를 부정하지는 않으셨지만, 부가 가져올 수 있는 위험성에 대해서는 계속 경고하셨다. 예를 들어 “네 보물 있는 그곳에는 네 마음도 있느니라”(마 6:21), “너희가 하나님과 재물을 겸하여 섬기지 못하느니라”(마 6:24)고 말씀하신다. 부자 관원의 이야기(마 19:16-30; 막 10:17-31; 눅 18:18-30)에서 예수님은 재물이 우상이 될 수 있음을 들어 재물의 영적 위험성을 강조하셨다.

부자 청년의 비유를 보면 예수님은 재물이 ‘그저 그런 것, 가난은 돈이 좀 없는 것’ 정도가 아니라 끊임없이 하나님을 섬기는 것을 방해할 수 있는 장애 요인으로 보셨다. 왜냐하면 탐욕과 지나친 소유 욕구가 하나님 앞서가기 쉬우며 “네 보물 있는 그곳에는 네 마음도 있기” 때문이다.

예수님은 “삼가 모든 탐심을 물리치라”(눅 12:15)고 말씀하시며 인간의 탐욕을 공격하셨다.

한편 ‘부자 농부의 비유’(눅 12:13-21)를 통하여 하나님을 기쁘게 하거나 가난한 이웃 돕기를 외면하고 자신만을 위해 재물을 쌓아 놓는 것에 대한 징계를 말씀하셨다. 즉 부자 농부가 자기를 위하여 재물을 쌓아 두고 하나님께 대하여 부요치 못한 어리석은 자(눅 12:21)라고 말씀하신다.

3. 소유로부터의 자유로움

a) 먹고사는 것에 대해 너무 걱정 말라

예수님은 하늘을 나는 새와 백합화의 비유를 들어서 '무엇을 먹을까 입을까' 너무 걱정하지 말라고 말씀하신다. 그리고 '먼저 그 나라와 의를 구할 때 하나님께서 공급해 주실 것'을 약속하신다(마 6:25-34). 이 말씀은 우리에게 돈에 대해 무관심하라고 하신 말씀이 아니다. 단지 돈에 대해 지나치게 걱정하지 말라는 뜻이다.

결론적으로 예수님은 제자들이 재물에 대한 욕심으로부터, 그리고 부족한 돈 걱정으로부터 자유로워지기를 원하신다.

b) 하나님을 신뢰하라

예수님은 열두 제자를 파송할 때 많은 물자를 가지고 가지 않게 하셨다. "너희 전대에 금이나 은이나 동을 가지지 말고 여행을 위하여 배낭이나 두 벌 옷이나 신이나 지팡이를 가지지 말라"(마 10:9-10). 그리고 주기도문을 통하여 영원히 먹을 것이 아니라 단지 일용할 양식을 요구하도록 가르치셨다. 모두가 제자들이 돈보다도 하나님을 신뢰하도록 훈련하신 것이다.

c) 이웃을 구제하라

예수님은 오른손이 하는 것을 왼손이 모르게 은밀한 자세로 가난한 이웃을 도와주라고 말씀하셨다. 삭개오가 토색한 것을 네 배로 갚고 재산의 절반을 이웃에게 나누어 주겠다고 말할 때 예수님은 이 집에 구원이 이르렀다고 말씀하신다(눅 19:8-9). 이웃에 대한 구제를 기뻐하신 것이다.

'부자와 거지 나사로'의 비유 역시 이 땅에서 부자로 살았으나 이기적이며 가난한 자에 대한 무관심했던 사람에 대한 하나님의 심판의 말씀이다.

d) 장래 천국에서 받을 상급을 기대하라

예수님은 이 땅에서의 재물 사용을 천국의 상급과 연결하셨다. 그래서 "또 내 이름을 위하여 집이나 형제나 자매나 부모나 자식이나 전토를 버린 자마다 여러 배를 받고 또 영생을 상속하리라"(마 19:29)고 말씀하셨다.

그리고 돈을 이 땅에 쌓아 두지 말고 오직 보물을 하늘나라에 쌓아 둘 것을 말씀하셨다. 왜냐하면 "오직 너희를 위하여 보물을 하늘에 쌓아 두라 거기는 좀이나 동록이 해하지 못하며 도둑이 구멍을 뚫지도 못하고 도둑질도 못하"기 때문이다(마 6:20).

베드로가 "우리가 모든 것을 버리고 주를 따랐나이다"(막 10:28)라고 말할 때 예수님은 내세에 영생을 받지 못할 자가 없다고 답변하셨다.

4. 제자가 되기 위해서는 때로는 재산의 손실을 감수하거나 아예 포기하라

마가복음 1장 16-20절에서 베드로와 안드레는 그물을 버렸고, 세배대의 아들 야고보와 요한은 배와 아버지를 버리고 예수님을 따랐다. 누가복음 5장 27-28절에서 세리 마태는 세관에서 예수님을 만나자마자 직업을 포기하고 예수님을 따랐다. 제자들이 자신의 것을 포기하는 것을 보신 예수님은 "이와 같이 너희 중의 누구든지 자기의 모든 소유를 버리지 아니하면 능히 내 제자가 되지 못하리라"(눅 14:33) 하고 말씀하셨다. 예수님의 제자가 되기 위한 대가와 희생을 요구하신 것이다.

5. 이 외에도 마태복음과 누가복음은 물질과 관련된 예수님의 가르침을 많이 기록하고 있다

마태복음

6장: 보물을 하늘에 쌓아 두라.

가난한 자를 구제하라.

19장: 부자 청년의 비유

25장: 양과 염소의 비유

누가복음

6장: 산상수훈

12장: 어리석은 농부 - 탐욕을 공격, 이웃과 하나님에 대한 무관심 공격

16장: 불의한 청지기, 두 주인을 섬길 수 없음, 부자와 나사로의 비유

18장: 부자 관원의 비유

19장: 삭개오의 비유

20장: 세금

03 바울의 재물관과 그의 적용

빈부의 문제는 비단 오늘날의 문제가 아니다. 이것은 초대교회 시대에도 있었으며 인간이 살아가는 한 어쩌면 영원한 숙제인지 모른다. 이런 현실적 문제에 관해서 사도 바울은 과연 어떻게 빈부의 문제를 해결하려 했으며 재물에 대해 어떤 태도를 보였는지 알아보자.

1. 바울의 재물관

디모데전서 6장 3-10절을 통하여 바울의 재물관을 다음과 같이 요약할 수 있다.

1. 재물은 신앙생활에서 매우 중요한 문제다.
2. 진정한 만족은 예수 안에서 자족할 때에만 가능하다.
3. 탐욕에 사로잡혀 부를 추구하는 자는 멸망에 이른다.
4 하나님은 우리가 재물을 선하게 사용할 때 영광을 받으신다.
5. 올바른 재물 관리는 영원한 하늘나라에 좋은 터를 쌓는 것과 같다.
6. 바울은 물질적인 풍부함이 영적인 빈곤을 가져오는 것에 대해 경고한다.

바울의 가르침은 예수님의 가르침과 다음과 같은 면에서 비슷하다.
1. 재물을 정죄하지 않음
2. 재물의 위험성에 대해 경고
3. 욕심과 탐욕을 경고
4. 가난하고 억눌린 자들에게 많은 관심을 갖고 구제할 것을 권면함
5. 현재의 올바른 재물 관리를 천국의 상급과 연결시킴

2. 고린도 교회의 상황

고린도전서를 보면 그 당시 고린도 교회 내에는 부자와 가난한 자가 공존했으며, 특히 고린도 교회의 성도 가운데 많은 사람이 사회적으로 낮은 계층이며 경제적으로 어려웠음을 알 수 있다. “형제들아 너희를 부르심을 보라 육체를 따라 지혜로운 자가 많지 아니하며 능한 자가 많지 아니하며 문벌 좋은 자가 많지 아니하도다 그러나 하나님께서 세상의 미련한 것들을 택하사 지혜 있는 자들을 부끄럽게 하려 하시고 세상의 약한 것들을 택하사 강한 것들을 부끄럽게 하려 하시며”(고전 1:26-27).

그러나 교인 중에는 사회적 신분이 높거나 부유한 사람도 있었다. 예를 들면 다음과 같다.

그리스보: 회당장(고전 1:14; 행 18:8).

가이오: 교인과 나그네를 자기 집에서 주로 대접한 것으로 보아 경제적으로 부유한 자로 추측된다(고전 1:14; 롬 16:23).

글로에(고전 1:11).

스데바나(고전 1:16).

이런 것을 감안할 때 고린도 교회는 여러 계층의 사람, 즉 가난한 자와 부유한 사람들이 섞여 있었다. 뿐만 아니라 바울이 교인들 간에 송사하거나 고소하는 문제에 대하여 언급하는 것으로 미루어 보아(고전 6:1-8) 교회 안에 갈등도 있었던 것으로 추정된다. 성만찬의 음식을 먹는 문제에 대한 갈등(고전 11:17-34)도 결국은 먹는 문제요, 부유한 자와 가난한 자의 갈등이었다. 그러나 그들은 이러한 갈등을 안고 있으면서도 예수님 안에서 경제적으로 서로를 돕고 사랑했다(고전 12-13장).

고린도 교회가 비록 가난했으나 다른 교회와의 경제적 협력 문제(고전 16:1-2)는 그들의 교회 생활에서 당연한 일부분이었다. 그들은 매주 첫날에 다른 교회를 위해 따로 연보했다. 그리고 과부, 특히 친척이 없는 과부들을 위한 특별한 구제 활동을 했다. 바울 역시 성도를 섬기는 데 많은 노력을 기울였는데, 특히 가난하고 사회적으로 억눌린 자들에게 많은 관심을 가지고 있었다.

3. 바울의 사회적 신분

가말리엘의 제자로서 학문이 높았던 바울은 로마 시민으로서 사회적 특권과 혜택을 누릴 수 있었다. 그의 사회적 신분은 대제사장을 직접 대면할 수 있다는 데서 증명된다(행 9:1-2).

바울은 선교 사역을 하는 과정에서 필요에 따라 로마 시민으로서의 권리를 주장하기도 했다. 그러나 그는 도시 교회의 선교사로서 많은 시간을 장막 깁는 노동을 했다. 그 당시 장막을 깁는 일이 매우 천대받던 일임을 감안하면, 요즘으로 치면 박사가 미장이를 하는 것과 같다. 그는 그 이유를 "형제들아 우리의 수고와 애쓴 것을 너희가 기억하리니 너희 아무에게도 폐를 끼치지 아니하려고 밤낮으로 일하면서 너희에게 하나님의 복음을 전하였노라"(살전 2:9)고 말한다. 여행길에 지치고, 돌에 맞고, 박해와 탄압을 받는 삶을 살면서도 바울은 선교하는 데 다른 사람들에게 경제적 부담을 주지 않으려고 부단히 애썼음을 알 수 있다.

결론적으로 바울은 자신의 종교적 · 사회적 신분을 낮은 신분으로, 마땅히 누려야 할 안락함이나 편안함을 버리고 수고와 애씀을 감수했다. 그는 특권을 포기하고 자신의 위치와 신분, 살아가는 방법을 바꾸었던 것이다. 바울은 예수를 전파하고 섬기기 위하여 부유함과 가난함의 경제적 가치관을 뛰어넘었다. 그러면서 물질과 연관된 신앙생활에 대해 다음과 같이 권면했다.

자족함

주 안에서 항상 기뻐하라 내가 다시 말하노니 기뻐하라(빌 4:4).

자족하는 마음이 있으면 경건은 큰 이익이 되느니라 우리가 세상에 아무것도 가지고 온 것이 없으매 또한 아무것도 가지고 가지 못하리니 우리가 먹을 것과 입을 것이 있은즉 족한 줄로 알 것이니라(딤전 6:6-8).

청지기

그런즉 너희가 먹든지 마시든지 무엇을 하든지 다 하나님의 영광을 위하여 하라(고전 10:31).

일

또 너희에게 명한 것같이 조용히 자기 일을 하고 너희 손으로 일하기를 힘쓰라(살전 4:11).

돈

돈을 사랑함이 일만 악의 뿌리가 되나니(딤전 6:10).

탐욕

음행과 온갖 더러운 것과 탐욕은 너희 중에서 그 이름조차도 부르지 말라 이는 성도에게 마땅한 바니라(엡 5:3).

탐심

탐심은 우상 숭배니라(골 3:5).

4. 바울의 사도직

바울은 사도직으로서 해야 할 일 중에 중요한 한 가지를 알려 주는데, 그것은 '가난한 자를 기억하라' 는 것이다(갈 2:10). 그는 예루살렘의 사도들이 자신에게 가난한 자를 기억할 것을 부탁했을 때 자신은 '이미 일에 열심을 내고 있었다' 고 말한다.

여기서 바울은 가난한 자들을 기억하고 구제하는 일이 복음 전하는 일과 더불어 그의 사역의 당연한 일부분이라고 말하고 있다. 즉 가난한 자들을 위로하고, 도와주고 사랑하는 구제가 그의 사역에서 추가 항목이 아니라, 중요한 일부분인 것이다. 유대에 사는 가난한 형제자매들을 돕기 위해 모금을 하고 이를 장로들에게 전달한 사실(행 11:29-30)을 볼 때 바울은 말로만이 아니라 실제 행동으로 모범을 보여 주었다.

결론적으로 사도로서 바울은 다음과 같이 행했다.

1) 바울의 구제 활동은 그의 목회 시작부터 빠질 수 없는 매우 중요한 사역이었다. 바울은 '가난함' 그 자체를 크리스천으로서 반드시 관심을 가져야 할 심각한 것으로 간주했다. 그에게 가난한 자를 기억하는 것은 일시적

인 운동이 아니라 계속해서 구체적으로 행해야 할 중요한 사역이다. 그러므로 이러한 구제 개념은 그의 신학과 선교 전략에서 중요한 부분을 차지하고 있다. 교회의 목적이 구제는 아니지만, 반드시 해야 할 주요한 사역이다.

2) 예루살렘 교회를 위한 모금은 어쩌다가 한 번 한 것이 아니고 가난한 교회를 돕고자 하는 그의 사역에서 전형적인 모금이다. 그리고 헌금 모금은 그에게 단지 구제로 끝나는 것이 아니고 예수 안에서 유대인과 이방인의 화해, 교회와 교회의 파트너십, 섬김, 감사, 은혜의 나눔의 의미가 있다

파트너십

이는 마게도냐와 아가야 사람들이 예루살렘 성도 중 가난한 자들을 위하여 기쁘게 얼마를 연보하였음이라(롬 15:26).

종교적 섬김

저희가 기뻐서 하였거니와 또한 저희는 그들에게 빚진 자니 만일 이방인들이 그들의 영적인 것을 나눠 가졌으면 육적인 것으로 그들을 섬기는 것이 마땅하니라(롬 15:27).

하나님께 감사

이 봉사의 직무가 성도들의 부족한 것을 보충할 뿐 아니라 사람들이 하나님께 드리는 많은 감사로 말미암아 넘쳤느니라(고후 9:12).

하나님의 은혜를 나누는 일

내가 이를 때에 너희가 인정한 사람에게 편지를 주어 너희의 은혜를 예루살렘으로 가지고 가게 하리니(고전 16:3).

5. 교회의 정직성

고린도후서 8장을 보면, 고린도 교회에서 많은 돈이 모금되어 예루살렘 교회로 보내는 이야기가 나온다. 그런데 바울은 이 돈을 예루살렘으로 보내는 과정에서 정직함으로 명성이 높은 디도뿐 아니라 교회에서 칭찬을 받는 다른 형제를 디도와 함께 보낸다. 뿐만 아니라, 여러 번 확인한 결과 신실한 사람을 동행시킨다. 결국 3명이 돈을 다루고 배분하는 데 참여하게 된 것이다.

여기서 바울이 고린도인에게 다짐하는 것은, 이 사람들이 주의 영광을 나타내기 위하여 참여하게 되었다는 점이다. 그리고 그렇게 하는 이유는 많은 액수의 헌금 때문에 자신들이 비판을 받거나 시험에 들지 않기 위해서라고 말한다.

결국 바울은 디도 이외에 그의 교회 안팎에서 각각 한 명씩 천거함으로써 헌금 관리의 투명성을 유지하려고 한 것이다. 그리고 이것이야말로 쓸데없는 비판이나 의심을 방지하는 길이라고 말한다.

그는 "우리가 주 앞에서뿐 아니라 사람 앞에서도 선한 일에 조심하려 함이라"고 말한다. 돈 문제에 관한 한 '하나님 앞에서 나는 깨끗하다'는 정도로는 안 되며, 다른 사람들에게도 신뢰를 받을 수 있어야 한다고 말한다.

＊교재를 덮으며＊

"곧 헛된 것과 거짓말을 내게서 멀리하옵시며 나를 가난하게도 마옵시고 부하게도 마옵시고 오직 필요한 양식으로 나를 먹이시옵소서 혹 내가 배불러서 하나님을 모른다 여호와가 누구냐 할까 하오며 혹 내가 가난하여 도둑질하고 내 하나님의 이름을 욕되게 할까 두려워함이니이다"(잠 30:8-9).